111 Architektur-baukästen

Sammlung Claus Krieger

111 Architekturbaukästen

Sammlung Claus Krieger

jovis

Inhalt

Stadtbaukästen 148

Steinbaukästen 192

Kunststoffbaukästen 226

Zum Geleit

Der niederländische Kulturhistoriker Johan Huizinga veröffentlichte in den 1930er Jahren sein Buch *Homo Ludens,* in dem er die These formuliert, dass der Mensch seine kulturellen Fähigkeiten vor allem über das Spiel entwickelt habe. Huizinga stellt in seiner Theorie dem denkenden *(homo sapiens)* und tätigen Menschen *(homo faber)* den Menschen als Spieler *(homo ludens)* an die Seite.
Was das Spiel angeht, unterscheidet der französische Soziologe und Philosoph Roger Caillois wiederum zwischen *paidia,* dem fantasievollen, spontanen Spielen, und *ludus,* dem reglementierten Spielen, welches Konzentration, Geschicklichkeit, Geduld und Einfallsreichtum erfordert. In letzterem liegt der Ursprung meiner Sammel- und Modellbauleidenschaft.

Den Baukästen eine Bühne geben

Unter der Rubrik der „historischen Spielzeuge" fristen Baukästen ein größtenteils unscheinbares Dasein. Von einigen großen Marken wie AnkerStein oder Lego einmal abgesehen, findet man über sie nur wenige Informationen. Selbst in Publikationen werden Baukästen hauptsächlich als solche vorgestellt, selten aber das aus ihnen Gebaute, allenfalls kleinere Baubeispiele oder historisches Ansichtsmaterial. Dabei sind gerade die gebauten Modelle die Seele der Kästen. Der vorliegende Katalog begegnet diesem Mangel durch vielfältige Ansichten eben dieser aus den Baukästen geschaffenen Modelle.
Ohne Aufbau kann ein Baukasten nicht zum Leben erweckt und nicht vollständig begriffen werden. Beim Bauen wird das jeweilige System auf seine Funktionalität hin getestet. Erst dadurch lässt sich nachvollziehen, welche Freude Kinder und Erwachsene jener Zeit mit den Kästen gehabt haben müssen. Oft erkennt man bereits an den Abnutzungsspuren von Bauteilen und Anleitungen, ob der Spaß daran groß war oder ob die Hölzer, noch wie neu, über Jahrzehnte unberührt in der inzwischen gealterten Verpackung lagerten.
Kurze Reaktionszeiten oder schnelle Handlungsabläufe, wie sie die heutige Spielewelt oft fordert, sind beim Spiel mit Baukästen nicht gefragt, sondern im Gegenteil: Eine gewisse Langsamkeit und Ruhe sind notwendig, eine Hinwendung zum Detail und genauen Betrachten – dem Alltag wunderbar entzogen und doch völlig konzentriert im Hier und Jetzt.
Bereits im einsortierten Zustand faszinieren viele Baukästen mit ihrer wohl geordneten Geometrie. In ihr schlummern noch alle Entfaltungsmöglichkeiten. Dann setzt ein Kreislauf ein: Die sortierte Ordnung wird zerstört, etwas gänzlich Neues entsteht, welches wiederum zerstört wird, um nochmals Neues zu erschaffen – und letzlich in die alte Ordnung des Kastens zurückzukehren.

Zur Erinnerung an die Unternehmenseröffnung brachte Hartmann Sohn in Höchst (Frankfurt am Main) den kleinen Holzbaukasten heraus (11 × 11 × 3 cm).

Die Sammlung

Aus der fast unüberschaubar großen Anzahl von Baukastentypen, die allein im letzten Jahrhundert entstanden sind, musste eine Auswahl getroffen werden. So gibt es beispielsweise viele konstruktive Baukästen mit Metallbauteilen für mechanische Modelle, zu denen etwa die bekannten Märklin-Baukästen zählen. Mein allgemeines Interesse an Architektur zog mich aber schnell zu architektonischen Baukästen, mit denen sich in mannigfaltiger Weise Gebäudeminiaturen bauen oder Ortschaften zusammenstellen lassen. Dieses Buch stellt die 111 bemerkenswertesten Architekturbaukästen meiner Sammlung vor.

Die unterschiedlichen Materialien – das warme Holz, der schwere Stein, der glatte Kunststoff – bestimmen die ästhetische Wirkung der Modelle und sind das Hauptkriterium für die Baukasteneinteilung im Katalog. Aber auch Verbindungs- und Konstruktionstechniken sind Ordnungskriterien.

Seit der Entwicklung des Baukastenspiels um 1800 gibt es zahlreiche Berührungspunkte und Wechselwirkungen mit der Geschichte der Architektur. Oft geben schon die Kastenbeilagen Einblicke in die gesellschaftlichen und kulturellen Bedingungen ihrer Entstehungszeit. Die Menschen hatten bestimmte Vorstellungen und Bedürfnisse bezüglich ihrer Architektur, und das zeigte sich auch in ihren Erziehungsformen, zu denen die Baukästen zählen. Das kindliche Konstruieren wurde gemeinhin als Einübung positiver Eigenschaften wie Geduld, systematisches Vorgehen und Genauigkeit angesehen. Allerdings sind die Anleitungen und Bauvorlagen oft kompliziert und schwer verständlich, sodass beim Bau die Hilfe von Erwachsenen notwendig gewesen sein dürfte. Und: Die Baukästen hatten ihren Preis. Ende des 19. Jahrhunderts konnten sich höchstens 20 Prozent der Familien käufliches, also zum Zwecke des Spielens gefertigtes Spielzeug leisten.

Die meisten Kästen der Sammlung stammen aus Deutschland. Das erstaunt nicht, denn Deutschland war einmal der weltgrößte Lieferant von (Holz-)Spielwaren. So wurde die Spielwarenfabrik, die als erste auf industrielle Serienproduktion setzte, 1850 von Samuel Friedrich Fischer im erzgebirgischen Oberseifenbach gegründet. Aber auch Hersteller aus Spanien, Frankreich, Österreich, der Schweiz, Dänemark, den Niederlanden, Belgien, Tschechien und den USA sind in der Sammlung vertreten. Vor allem die Originalität der Baukästen, etwa eine neue Konstruktionsweise oder fantasievolle Ausschmückungen, waren Auswahlkriterien. Je kleinteiliger die Bausteine und je komplizierter die Anleitungen, desto größer meine Baufreude. Demnach fanden die meisten einfachen Baukästen für kleinere Kinder nicht in meine Sammlung.

Erstaunlich ist die Variationspanne an Baukastengrößen und Teileanzahl: Sie reicht von Streichholzschachtelgröße mit wenigen winzigen Klötzchen wie beim „Build a Scyscaper" bis zum zwölf Kilogramm schweren „Ingenius Normal" mit 1005 Bauteilen. Mit der Zeit und viel Glück fand ich verschiedene Baukästen desselben Typs und Herstellers. Der gesellschaftliche Hintergrund zur Entstehungszeit der Baukästen lässt sich dadurch besser verstehen, wie etwa bei den Brandt's Städte-Baukästen, die Anfang des 20. Jahrhunderts im Zuge der Industrialisierung und angesichts rasch wachsender Städte eine Gegenwelt schufen: mit Modellen von Landhäusern und mittelalterlichen Städtchen.

Erworben habe ich die Baukästen über Internetplattformen und Auktionshäuser. Einige werden heute noch gelegentlich angeboten, etwa manche Kunststoffbaukästen aus den VEB-Werken der DDR. Die meisten sind aber nur noch schwer oder gar nicht mehr zu erhalten, wie der älteste Baukasten meiner Sammlung, „Angenehme Architektonische

Unterhaltungen“, oder die größeren Konstruktionskästen der Ingenius-Reihe. Erst die Anleitungen und Bauvorlagen vervollständigen einen Baukasten und sind für die Errichtung komplizierter Modelle unentbehrlich – ein wichtiges Kriterium für den Kaufentscheid. Für einen sammelwürdigen Zustand sollten die Baukästen außerdem gut erhalten und vollständig sein oder nur wenige, nicht relevante Fehlteile aufweisen.

Was macht einen Baukasten zum Baukasten?

Welche Kriterien müssen erfüllt sein, damit ein Baukasten sich als solcher klassifiziert? Dazu gibt es verschiedene Meinungen. Grundsätzlich lässt sich Folgendes über die Bauteile feststellen: Sie müssen normiert sein, also gleiche Eigenschaften besitzen, sie dürfen nicht durch Hilfsmittel wie Klebstoff, Nägel oder Mörtel zusammenhalten, aufgebaute Gebilde müssen zerlegbar sein (Wiederverwendbarkeit der Bausteine) und mehrere Kombinationsmöglichkeiten müssen den Bau verschiedener Modelle erlauben.
Sollte der Bau nur eines Modells möglich sein, spricht man von einem Bausatz oder Themenbaukasten, wie bei den antiken Exemplaren von Julius Stief oder bei jüngeren Modellen wie „Die Wartburg“ oder „Frank Lloyd Wright – Prairie Style“.
Baukästen variieren grundsätzlich in den unterschiedlichen Verbindungsmöglichkeiten ihrer Bauelemente:
Null-bindig: Die Bauteile werden ohne Hinzunahme von Verbindungsteilen meist in mehreren Lagen gestapelt. Der Großteil der Holz- und Steinbaukästen unterliegt diesem Prinzip. Aufeinandersetzbare Steine sind aber in ihren konstruktiven Möglichkeiten eingeschränkt. So wurden bereits früh Verbindungen geschaffen, um die Bauwerkstabilität zu erhöhen.
Ein-bindig: Die Bauelemente halten aufgrund ihrer speziellen Formgebung zusammen, wie bei den Noppensteinen vieler Kunststoffbaukästen.
Zwei-/drei-bindig: Die Bauteile benötigen separate Teile, um zusammenzuhalten, meist durch Nut und Feder. Dieses Prinzip findet sich bei Holz- und Kunststoffbaukästen. Ein Holzverbindungssystem sticht hervor: der Ingenius-Baukasten. Die Bausteine haben ein spezielles Nut- und Federsystem, welches so stabil und passgenau ist, dass damit Bauhöhen von bis zu sechs Metern erzielt werden können. Damals sollten die Baukästen sogar Architekten und Bühnenbildnern als Arbeitsmaterial dienen. Diese Baukästen sind äußerst rar und ein Grundstein meiner Sammlung.

Holzbaukästen

Kästen mit Holzbausteinen bilden den größten Teil der Sammlung und sind in Gebäude- und Stadtbaukästen unterteilt. Mit den Gebäude-Holzbaukästen lassen sich Bauwerke oder kleinere Gebäudekomplexe errichten. Dabei werden unterschiedliche Ansprüche an Auffassung und Geschicklichkeit gestellt. Während manche Modelle mit größeren Bauklötzen leicht aufzubauen sind, verzweifelt man bei anderen an den sehr leichten Bauklötzchen oder der mangelnden Passgenauigkeit der Bauteile. Auch schwer verständliche Bauanleitungen, wie beim „Architecto“, machen das Bauen zu einem Geduldsund Konzentrationsspiel.
Den erzieherischen Wert der Bausteine als Spielzeug erkannte der Pädagoge Friedrich Fröbel, der Gründer des ersten Kindergartens 1840 in Bad Blankenberg. Die Kinder sollten aus einfachen Grundformen und nach einer zweidimensionalen Vorlage dreidimensionale Bauten erstellen. Umfangreiche vollplastische Bauwerke können mit diesen wie auch mit den nachfolgenden, weit verbreiteten Fassaden-

oder Fensterbaukästen allerdings kaum errichtet werden. Der Reiz des Bauens ergibt sich allein aus der Fassadenstruktur.

Immer wieder gab es Hersteller, die für ihre Baukästen auch Karton statt Holz verwendeten, meistens aber nur für einzelne Bauteile, wie es der Bâtiss- oder Mobaco-Baukasten zeigen. Auch Metallteile wurden als Verbindungselemente genutzt. Der „Hausser's Künstler-Baukasten" benutzt sogar bedrucktes Blech für Wände und Dächer.

Bei den Stadtbaukästen, deren Bauelemente bis auf eine Ausnahme aus Holz bestehen, bildet meist schon ein einzelner Baustein ein komplettes Gebäude oder dieses kann aus wenigen Elementen zusammengesetzt werden. So entstehen typische Dorf- oder Stadtszenerien. Die Sammlung beinhaltet auch seltene Baukästen historischer Stadtkerne. Die kleinen Häuser, Türme und Stadtmauern sollten nicht beliebig bespielt, sondern entsprechend eines historischen Stadtplans aufgestellt werden.

Stein- und Kunststoffbaukästen

Die ersten Bausteine aus keramischem Material erfand Gustav Lilienthal gemeinsam mit seinem Bruder, dem Flugpionier Otto Lilienthal, in den 1870er Jahren: die Anker-Bausteine. Diese historischen Baukästen zu sammeln kam für mich allerdings nicht in Frage, da mit ihnen kaum größere, detailreiche Architekturmodelle errichtet werden können; es bedarf dafür passgenauer Steine ohne Abnutzung, die kaum zu finden sind. Ausnahmsweise habe ich deshalb auf neue Kästen zurückgegriffen, die heutzutage wieder produziert werden.

In den ersten Jahrzehnten des 20. Jahrhunderts waren Steinbaukästen auf dem Markt, die das Bauen von Bögen und Gewölben ermöglichten. Durch das Spiel sollten technische Grundlagen des Arbeitslebens von Steinsetzern oder Maurern vermittelt werden. Die Bing-Baukästen wurden zu Lehrbaukästen des Bogen- und Gewölbebaus. Ab den 1950er Jahren verloren Steinbaukästen aber immer mehr an Bedeutung.

Den Übergang zu reinen Kunststoffbaukästen zeigt der Batima-Baukasten aus den 1930er Jahren, dessen Bausteine hauptsächlich aus Milchserum bestehen. Mit der Weiterentwicklung von Kunststoffmischungen im Verlauf der 1950er Jahre wurden die Holz- und Steinbaukästen zunehmend von Exemplaren aus Kunststoff verdrängt. Anfangs buhlten viele Firmen mit unterschiedlichen Systemen um die Aufmerksamkeit der Kunden. Die Baukästen aus Plastik galten als modern, farbenfroh und konnten kostengünstig hergestellt werden. So drängten im Verlauf der 1960er Jahre immer mehr Produkte „Made in Hongkong" auf den deutschen Markt und prägten den Begriff des billigen Plastikspielzeugs. Die Kunststoffsteine spiegelten auch die Veränderung von Architektur und Stadt wider. Die Schaffung von neuem Wohnraum gehörte zu den zentralen Aufgaben der 1950er Jahre. Der Bau von Einfamilienhäusern und Fabrikanlagen im Westen und Plattenbausiedlungen im Osten war das vorherrschende Thema. Die Wende zum industriellen Bauen orientierte sich an der Bauhaus-Architektur und dem Prinzip der Skelettbauweise. Vor allem ostdeutsche Baukastenmodelle ahmten den Plattenbau ausgiebig nach.

Der bekannteste Kunststoffbaustein wurde natürlich der Legostein. Trotz ihrer Popularität werden diese Baukästen in meiner Sammlung nicht berücksichtigt, auch da die große Vielfalt ein eigenes Sammelgebiet darstellen würde.

Jeder vorgestellte Baukasten wird samt seiner Bauteile und Beilagen von mir beschrieben. Viele werden auch eingehender kommentiert und durch meine bauspezifischen Erfahrungen ergänzt.

Wiesbaden, im September 2025

Die Evolution der Steine

Wie eine Sammlung zur Ausstellung wird

Unsere erste Begegnung mit Claus Krieger und seiner Sammlung ereignete sich an einem denkwürdigen Ort. Ende Januar 2024 trafen wir ihn im ehemaligen Bahnhofsrestaurant von Mainz-Gustavsburg, dessen 1950er-Jahre-Einrichtung noch durchschimmerte, obwohl das, was man seinerzeit wohl „Bahnhofs-Buffet" genannt hatte, mittlerweile an den mit Claus Krieger befreundeten Künstler Joachim Kreiensiek verpachtet worden war. Die Wände ringsum waren mit Weihnachtsbäumen vollgestellt, die Kreiensiek von der Straße eingesammelt hatte, vielleicht um sie vor der schnellen Entsorgung im Biomüll zu bewahren. Wir haben nicht weiter nachgefragt. Draußen rauschten Züge vorbei, alle 30 Minuten hielt eine S-Bahn. Drinnen standen auf langen Tischen die Baukästen, viele davon aufgebaut, denn darin liegt für den Sammler die besondere Herausforderung. Das Inspektionsteam des Deutschen Architekturmuseums (DAM), bestehend aus dem Direktor Peter Cachola Schmal und mir, war sich zum Ende des Termins nicht einig, ob die Sammlung als Ausstellung in Frage käme. Würde sie überhaupt auf Begeisterung stoßen – außer bei Männern in fortgeschrittenen Jahren? Die DAM-Kolleginnen, denen wir nach der Rückkehr ins Museum unsere Fotos zeigten, widersprachen heftig und räumten alle Zweifel aus. Und so kam es, dass die Sammlung zuerst für den dritten Stock, schließlich dann für die größte Ausstellungsfläche im Erdgeschoss des DAM eingeplant wurde. Claus Kriegers Architekturbaukastensammlung ist im internationalen Vergleich groß, wenn auch nicht die größte. Das Standardwerk zur Geschichte des Baukastens im deutschsprachigen Raum, ein von Ulf Leinweber bearbeiteter und 1999 von den Staatlichen Museen Kassel herausgegebener Band mit dem Titel *Baukästen! Technisches Spielzeug vom Biedermeier bis zur Jahrtausendwende,* enthält ein Herstellerverzeichnis für Deutschland, Österreich und die Schweiz, das mehr als einhundert Seiten umfasst. Dort sind sagenhafte 1200 Firmen gelistet, von denen bekannt ist, dass sie einen oder mehrere Baukästen im Programm hatten. Wollte eine Ausstellung auch nur einen Bruchteil davon präsentieren, so müsste sie aus diversen privaten und staatlichen Sammlungen schöpfen und wäre damit ein schier uferloses Unterfangen. Vor allem aber wäre eine klassische Ausstellung mit Unmengen von Leihgaben ein angesichts des Themas Bauspielzeug reichlich paradoxes Projekt. Denn wirklich zu bauen, zu spielen, zu konstruieren, das ist unter Museumsbedingungen – leider – so gut wie ausgeschlossen.

Bitte berühren

Im allgemeinen Sprachgebrauch hat sich das Bild der „Gläsernen Decke" als Metapher für unsichtbare Barrieren etabliert, die das (berufliche) Fortkommen behindern. Im Museumszusammenhang wird viel zu selten von jenen gläsernen Schranken gesprochen, die zwar aus guten Gründen das Publikum von den Objekten trennen, zugleich aber das Ausgestellte leblos wirken lassen. Der Architektur- und Kunstkritiker der FAZ, Niklas Maak, hat diesen Effekt auf die schöne Formel gebracht, dass das Wort „Ausstellen" durchaus zwiespältig sei. Ausstellen, das könne ja auch ausschalten, abstellen oder abschalten bedeuten. Eine Ausstellung über Baukästen mit vitrinengepanzerten Exponaten und einer „Bitte nicht berühren"-Atmosphäre, in der die wilde Spielfreude auf null gedimmt ist – was wäre das für eine verschenkte Chance! Natürlich unterliegen auch die Baukästen aus Claus Kriegers Sammlung höchsten konservatorischen Anforderungen, sobald sie die Schwelle des DAM überschritten haben. Doch bot sich uns in diesem Fall eine einmalige Gelegenheit: Seit 2024 konnten wir mit der Sammlung auf eine Weise arbeiten, die im klassischen Leihgeschäft zwischen hochehrwürdigen Institutionen undenkbar gewesen wäre. Um Claus Kriegers Sammlung „spielbar“ zu machen, begann eine Zusammenarbeit mit Prof. Andreas Kretzer von der Hochschule für Technik (HFT) in Stuttgart, die sich bereits bei drei früheren Ausstellungen bewährt hatte. Kretzer hatte mit seinen Studierenden, zunächst noch an der TU Kaiserslautern, schon 2012 sehr kleine Modelle, dann 2017 sehr große und schließlich 2023 ungewöhnlich fotorealistische Modelle für das DAM produziert. Die Spanne reicht vom 3D-Druck mithilfe eines Do-it-yourself-„MakerBots“ über die monsterhaften Kartonmodelle für das Projekt „SOS Brutalismus“, die kaum durch die Tür des Museums passten, bis zu den detailreichen Modellen für die Ausstellung „Protest/Architektur“, die auf Basis von Pressefotos urbane Kämpfe im Maßstab 1:10 nachstellten – inklusive Zigarettenkippen und unzähligen Plastikwasserflaschen, die in Serienproduktion aus Acrylstäben an der Drehbank gefertigt wurden.

3:1

Die Aufgabe an die Studierenden lautete diesmal: Helft uns, die Vitrinen zu durchbrechen, indem ihr spielbare Kopien der wertvollen Originalbaukästen erstellt. Pro Baukasten sollte ein „Mustermodell“ konzipiert werden, das die Besucher innerhalb von maximal 20 Minuten anhand einer Anleitung im IKEA-Stil sollten nachbauen können. Die Studierenden wurden gebeten, zu diesem Zweck ein Set von Baustein-Repliken zu erstellen, wobei die Steine gegenüber dem Original im Maßstab 3:1 vergrößert werden sollten, um die Produktion zu erleichtern und damit der Erfolg beim Bauen sich schneller einstellt. Die Materialien der Originalbaukästen und ihrer dreifach vergrößerten Spielversionen sollten dabei annähernd identisch sein. So wurde der Ingenius-Baukasten in Holz reproduziert, der Skyline-Kasten aus den 1950er Jahren, der im Original aus Kunststoff besteht, mit Filament von der Rolle 3D-gedruckt. Beim französischen Bâtiss hingegen gaben Materialstudien den Ausschlag, die Metallstangen durch Holz zu ersetzen und einige Holzelemente in Kunststoff auszuführen. Aufwendig zu drechselnde Teile konnten günstig als Dekobedarf-Readymade aus der Ukraine bestellt werden.

Nur in einem Fall wurde ein radikaler Materialwechsel vollzogen. Es war der Wunsch von Andreas Kretzer, neben den Bauelementen zum Anfassen und Selbst-Zusammensetzen eine Vision zu verwirklichen, die bei vielen historischen Baukästen angelegt ist. In deren Anleitungen finden sich mitunter verheißungsvolle Fotos von Kindern, die mit Abertausenden von Steinen eine ganze Stadtsilhouette nachzubauen imstande sind – wenn nur die Eltern bereit wären, in Hunderte von Baukästen desselben Typs zu investieren! Diesen Traum erfüllen wir uns: Nach der Orginalbauanleitung eines Architecto-Systems entsteht eine gewaltige Kathedrale. Das fertige Modell hat eine Höhe von 320 Zentimetern und eine Länge von zweieinhalb Metern. Es besteht allerdings nicht aus Holzstäbchen, sondern aus einem normalerweise für Dämmplatten genutzten Filzwerkstoff, der mittels einer computergesteuerten Schneidemaschine in Form gebracht wird. Die Platten stammen von Impact Acoustic, einem philippinisch-schweizerisch-italienischen Firmengeflecht, das als Sponsor bereitstand und uns nebenbei einen kleinen Einblick in globalisierte Vertriebswege bot.

Der Untertitel der Präsentation im DAM lautet „Die große Mitspielausstellung". In den Rundgang integrierte Spielstationen entstehen für die Baukästen Akro, Bâtiss, Ingenius und Skyline. Minibrix-Steine konnten auf eBay im Original gekauft werden, ebenso sind weitere Spielstationen zu den Plattenbaukästen der DDR und zum System Tetek geplant. Hinzu kommen Reststücke aus dem Filzzuschnitt für die Kathedrale im Architecto-Prinzip sowie eine VR-Brillen-Arbeit, die von Prof. Philipp Reinfeld betreut wurde, der ebenfalls an der HFT unterrichtet. Mehrmals war es nötig, Baukästen zu den Studierenden der HFT nach Stuttgart zu bringen. Eine große Tupperdose voller Museumsgut im Zug zu transportieren, damit die Originale beim Zusammenbau erprobt und exakte Maße genommen werden können – das wäre bei Leihgaben aus anderen Sammlungen ein absolutes Tabu gewesen. Doch Claus Krieger blieb gelassen. Beim Ortstermin versuchte er den Studierenden zu vermitteln, dass die Freude beim Spiel für ihn in einer Zen-haften Versenkung in die Widrigkeiten schlecht passender Bauteile und schwer verständlicher Anleitungen liegt. Spielen, das schreibt er in seinem Geleitwort, kann sich eben auch durch Geduld, System und Genauigkeit auszeichnen.

„Trial and Error" bei den Verbindungssystemen

Die Auswahl der Baukästen, die für das Publikum des DAM reproduziert wurden, fußt auf einer Überlegung, die dem vorliegenden Katalog nicht auf Anhieb zu entnehmen ist. Während das Buch zunächst nach Materialien und dann annähernd chronologisch sortiert ist, bestimmte bei der Konzeption der Ausstellung ein anderer Gedanke den kuratorischen Prozess: Wie kann es sein, dass sich zwischen etwa 1880 und 1960 rund 1200 Firmen am Markt tummelten, bevor die sogenannten Klemmbausteine des dänischen Unternehmens Lego wie eine gewaltige Dampfwalze durch die Kinderzimmer gerauscht sind? Die Legosteine, so die These, lösten ein für alle Mal das zentrale Problem, an dem zuvor sämtliche Bausteinhersteller gescheitert waren: das Verbindungsproblem. Denn was hält die Welt zusammen? Wer je versucht hat, aus den wunderschönen, gut riechenden und angenehm schwer in der Hand liegenden Anker-Steinen (die noch heute bei Manufactum erhältlich sind) einen, sagen wir, spätpreußischen Triumphbogen zu bauen, wird dabei herzhaft geflucht haben. Nicht nur die Bauanleitungen sind eine Qual. Die Steine übereinanderzuschichten gleicht dem Mikadospiel. Bloß nicht zittern, sonst stürzt alles ein. Andere Hersteller stellten ihren Quasi-Anker-Steinen deshalb kleine Mörtelpäckchen und Miniaturmaurerkellen zur Seite. Bloß noch Wasser hinzufügen und schon hat man's: die große Sauerei im Kinderzimmer. Claus Krieger sammelt diese Art der Bauspiele nicht, geht es ihm doch darum, die Steine am Ende wieder sauber in die Kästen einsortieren zu können, sodass alles wieder seine Ordnung hat.
Die Versuche der Hersteller, das Verbindungsproblem zu lösen, gleichen einem evolutionären Ausleseverfahren. Lego konnte sich schließlich dank hochpräziser Spritzgussmaschinen und eines ausgeklügelten Klemmprinzips endgültig durchsetzen. Geniales Marketing mit einem Gespür für die Trends in Kinderköpfen kam hinzu. Kunststoff, dieses Wundermaterial, das jede beliebige Form annehmen kann, ja, bei dem der stoffliche Hemmungsfaktor durch immer wieder neue Verwandlungen überwunden, geradezu transzendiert wird, wie es Roland Barthes in seinem berühmten Plastik-Text von 1957 beschrieben hat, dieser Kunststoff kann heute ein Haus und morgen jenes Raumschiff sein, das ab 1979 der Star in unseren Kinderzimmern war, während die „Star Wars"-Saga von George Lucas unsere Phantasie beflügelte. Fertigungstechnisch sind die Legosteine auf einem ganz ande-

ren Niveau. Das wird im Vergleich mit den zahlreichen Prä-Lego-Noppentypen sofort deutlich, ob Tetek, Batima, Idema oder die Reihe „Der kleine Grossblock-Baumeister" aus der DDR. Sie alle bekamen die Fertigungstoleranzen nie in den Griff. Entweder schlackern die Steine aufeinander oder sie klemmen so hartnäckig, dass sie sich kaum trennen lassen. Nur bei den britischen Minibrix-Steinen wurde das gewitzt gelöst. Dank kolonialem Kautschuk fluppen die Noppen elastisch in die Löcher des nächsten Steins. Da die Noppen jedoch um ein Vielfaches größer sein müssen als bei den genial flachen Lego-Verbindungsstücken, blieb Minibrix auf blockhaftes Ziegelmauerwerk beschränkt. Die Lego-Raumschiffe zogen, profitmäßig betrachtet, mit Lichtgeschwindigkeit daran vorbei.

Noppen, Nuten, Knoten

Aus der Sammlung die markantesten Verbindungstypen herauszudestillieren, war daher das wichtigste Kriterium für die Frage, welche Baukästen in der Ausstellung vermittels der Spielstationen eine besondere Rolle bekommen sollten: 1) Steine nach dem Akro-Prinzip werden mittlerweile unter dem Namen Dusyma hergestellt (allerdings mit vier statt wie im Original mit drei Zacken). Sie sind pure Konstruktion. Der einzelne Stein verschwindet in der Masse des daraus Gebauten. Damit scheint Dusyma eine Nische zu füllen, trotz der Lego-Dominanz. Mit den Steinen können zum Beispiel ganze Hochhäuser gebaut werden, ohne dass das Ziel in den einzelnen Steinen bereits vorgezeichnet ist. Auch eine 10:1-Version in Schaumstoff hat der Hersteller für Kitas im Angebot. 2) Ingenius, entworfen vom Architekten Wilhelm Kreis, ist ein geniales Nut- und Federprinzip. Es gehorcht den Regeln der seriellen Holzbearbeitung in Form von Strangprofilen. Die Feder ist fein geschlitzt, wodurch eine flexible Klemmwirkung entsteht. 3) Bâtiss trennt Steine und Verbindungselemente. Die Bausteine haben durchgehende Bohrungen und werden auf Metallstangen aufgefädelt. Dafür braucht es, mehr als sonst, einen im Vorhinein gefassten Plan, weil die fixierte Position der Stangen kaum Flexibilität erlaubt. 4) Skyline ist als vierseitiger universeller Knoten, vergleichbar mit Industriebausystemen in der Sphäre der „großen" Architektur, angelegt. Hinzu kommen die erwähnte Architecto-Kathedrale nebst angeschlossener Bauhütte sowie jene Baukästen, die auf eBay erworben werden konnten. Hier ist ein möglicher Verlust beim Spiel einkalkuliert.

Weitere Aspekte der Ausstellung, die an dieser Stelle nur angedeutet werden können, weil sie als visuelle Argumente gemeinsam mit dem Gestaltungsbüro Rahlwes.Pietz noch entwickelt werden, sind die von den Baukästen vermittelten Geschlechterbilder und pädagogischen Vorstellungen sowie die grafischen Charakteristika der Bauanleitungen und Verpackungen. Zum Schluss noch eine weitere Anekdote: Im Zuge der Ausstellungsvorbereitung entstand ein Kontakt nach Wien, wo Ende der 1980er Jahre an der Technischen Universität ebenfalls eine Sammlung von Architekturbaukästen zusammengestellt wurde. Verantwortlich waren Prof. Franz Lesák und der wissenschaftliche Mitarbeiter Gerhard Vana, der 2025 eine Publikation zu einem Teilbereich der Sammlung herausbrachte. Dank des Professoren-Nachfolgers Christian Kern und der wissenschaftlichen Mitarbeiterin Anita Aigner konnten die rund 120 Kästen gesichtet werden. Es gab eine Datenbank, ein Korrespondenzarchiv, ja sogar eine professionelle Fotodokumentation. Doch keine einzige Aufnahme zeigte einen aufgebauten Kasten! Die akademische Recherche war offenbar am Spiel überhaupt nicht interessiert. Da liegt der entscheidende Unterschied zur Haltung von Claus Krieger, dem *homo ludens* ganz eigener Art.

Oliver Elser, Kurator des Deutschen Architekturmuseums Frankfurt

Gebäude-Holzbaukästen

Angenehme Architektonische Unterhaltungen

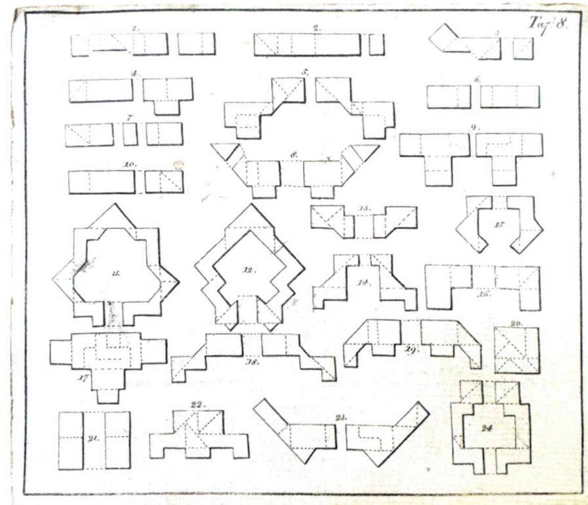

Der älteste Baukasten der Sammlung ist ein kleines Bauspiel. Wenige, speziell geformte Bausteine erlauben vielfältige Kombinationsmöglichkeiten, um Bauwerke in einfachen Grundformen zu erstellen. Ein kniffliges Unterfangen; der Aufbauplan gibt manche Hilfe.

Hersteller: unbekannt, 1. Hälfte 19. Jahrhundert
Baukasten: 12 × 14 × 5 cm, Nadelholzkasten mit Schiebedeckel, kaschiert, aufgeklebte Lithografie; Facheinteilung innen
Bausteine: 15 Buchenholzsteine unterschiedlicher Form
Beilagen: 7 Papiertafeln mit Baubeispielen plus Aufbauhilfe, 11,5 × 12,5 cm, Anleitung *Erklärung der Kupfertafeln*

Universal-Holzbaukasten

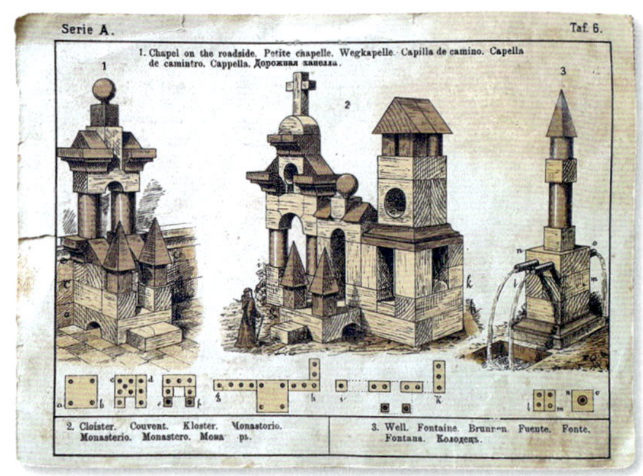

Das Problem der mangelnden Stabilität übereinandergestapelter Bauteile wurde bei diesem Baukasten durch ein Stecksystem gelöst. In die Bohrungen der Holzklötzchen werden Messinghülsen gesteckt, welche die nächsthöheren Bauteile verbinden.

Hersteller: J. W. Arold
Inh. Drittler & Schramm
Spielwarenfabriken
Nürnberg (ca. 1880–1900), 1895
Baukasten: 32 × 22 × 4 cm, lackierter Nadelholzkasten mit Schiebedeckel, aufgeklebter Druck (Silhuette Nürnbergs)
Bausteine: Buchenholzsteine mit Lochbohrungen, 4 mm starke Messinghülsen in Metallbox
Beilage: 8 Tafeln Baubeispiele mit Lageplänen, 16 × 13 cm

Romanische Baukunst

Dieser Baukasten steht als Beispiel für einen sehr häufig vorkommenden Baukastentyp, oft Fassaden- oder Fensterbaukasten genannt. Die Holzbausteine werden zu mehr oder weniger aufwendigen, eher zweidimensional wirkenden Gebäudefassaden zusammengesetzt. Mit den oft ungenau vermessenen Bauteilen lassen sich größere Konstruktionen nur schwer zusammensetzen – eine wackelige Angelegenheit!

Hersteller: wahrscheinlich Louis Engel & Co. Baukasten- und Holzspielwarenfabrik Blumenau, später VEB Engel-Baukastenfabrik und VEB-Baukastenfabrik Blumenau (1878–1957), um 1912
Baukasten: 45 × 28,5 × 6 cm, Nadelholzkasten mit Schiebedeckel, aufgeklebter Druck
Bausteine: Nadel- und Buchenholzsteine, teilweise geprägt und gefärbt, 2-lagig
Beilagen: 1 Blatt farbiger Baubeispiele, 10 × 20 cm

Architecture Moderne

Auch bei diesem Baukasten ergibt sich der Reiz der Bauten allein durch die Fassadenstruktur. Es gibt keine Bauteile, die die Errichtung eines vollplastischen Bauwerks ermöglichen. Die Türen mit ihrer Farbpatina sind sehr fein gearbeitet und die Fenster weisen noch ihre aufgeklebten, goldfarbenen Bordüren auf.

Hersteller: unbekannt, Frankreich, um 1900
Baukasten: 37 × 27 × 6,5 cm, Nadelholzkasten, Klappdeckel mit Scharnier und Schließen, aufgeklebter Druck
Bausteine: Nadelholz, Fenster aus Glas, teils bemalt, aufgeklebte Bordüren, Türen aus Metall, bemalt
Beilagen: 3 Blatt Bauvorlagen, 25,5 × 33,5 cm

Classic Architecture

Ein sehr schöner kleiner Baukasten, der durch die feinen, leicht reliefartigen Bausteine, das aufwendig gestaltete Titelbild und die fein gezeichneten Bauvorlagen besticht. Bereits im einsortierten Zustand entfaltet er seine Wirkung.

Hersteller: unbekannt, Spanien, ca. 1920er–30er Jahre
Baukasten: 21,5 × 28 × 3,5 cm, aufklappbare Kartonschachtel mit Verschluss und seitlicher Holzleistenverstärkung, allseits mit farbig bedrucktem Papier beklebt
Bausteine: Buchenholz, bedruckt, geprägt
Beilagen: 12 Baubeispiele mit Aufbauplan, 2-farbig, 18 × 23,5 cm

Das Lagerhaus

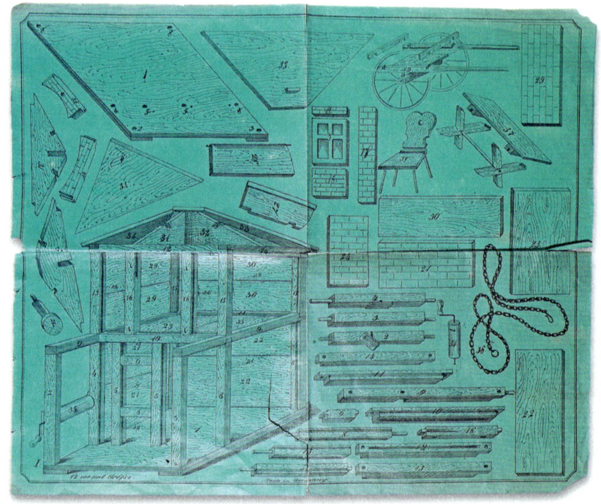

Die Baukästen von Julius Stief gehören zu den ersten themengebundenen Baukästen. Sie unterscheiden sich von den Elementarbaukästen durch spezialisierte Bauteile, die nur eine Kombinationsmöglichkeit für den Bau eines bestimmten Objektes erlauben. Die Baukästen bestehen hauptsächlich aus dünnen Holzplatten verschiedener Größe und Form, die in genutete Holzstäbe eingeschoben werden. Wände und Dächer sind mit Papier beklebt, auf welches Ziegelmauerwerk oder Dachziegel aufgedruckt sind. Der Realitätsgrad der erbauten Spielhäuser wird dadurch wesentlich erhöht.

Hersteller: Julius Stief, Spielwarenfabrik Nürnberg (ca. 1890–1920), um 1900
Baukasten: 37,5 × 28,5 × 9,5 cm, Nadelholzkasten mit Schiebedeckel, Deckelbildlithografie
Bausteine: Nadelholz, teilweise gefärbt und beklebt, Zubehör wie Säckchen und Rolle
Beilagen: farbiges Baubeispiel, 28,5 × 32 cm, Aufbauanleitung mit Bauteileübersicht auf blau getöntem Papier, 52 × 43 cm

Die Mühle

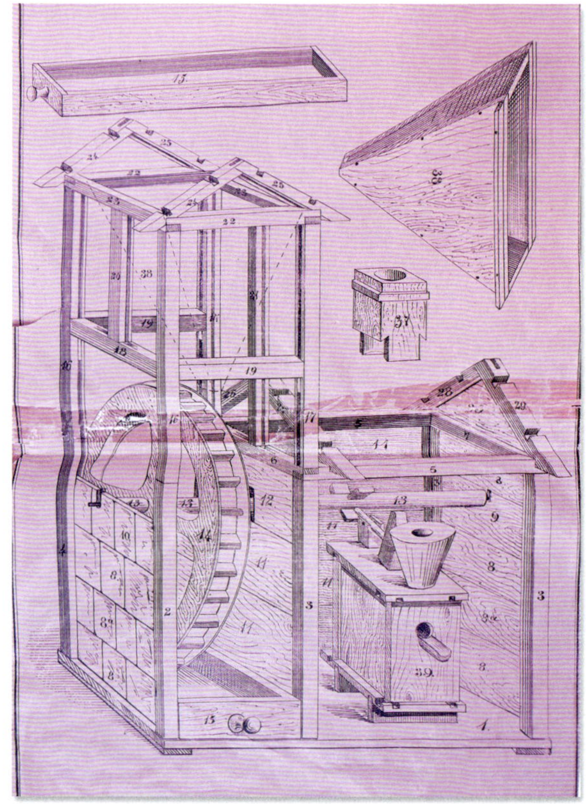

Hersteller: Julius Stief, Spielwarenfabrik Nürnberg (ca. 1890–1920), um 1900
Baukasten: 42 × 31 × 10,5 cm, Nadelholzkasten mit Schiebedeckel, Deckelbildlithografie
Bausteine: Nadelholz, gefärbt, Zubehörteile, Wasserrad mit aufgeklebtem Druck
Beilagen: Aufbauanleitung, 54,5 × 40 cm, Bauteileübersicht, 40 × 27 cm, jeweils auf violettem Papier

Der Maurer

Über den Nürnberger Spielzeughersteller Julius Stief ist nicht viel bekannt. Nur selten gelangen seine Spielzeuge in eine Auktion. Julius Stief gründete seine Firma wahrscheinlich in den 1890er Jahren. Unter seinem Namen fertigte er bis in die 1920er Jahre unterschiedliche Holzspielzeug-Baukästen. So sind annähernd 40 weitere Baukästen bekannt, mit denen typische Bauwerke der damaligen Zeit erstellt werden konnten, oft mit handwerklichem Bezug: „Der geschickte Zimmermann", „Das Förderwerk", „Der Fabrikbau", „Die Hammerschmiede", „Das Bergwerk", „Der Schreiner", „Die Markthalle" oder „Der Schiffbau". Die Stangenelemente für das Grundgerüst dieses Modells lassen sich gut miteinander verbinden. Für das Füllen der Wandflächen werden aber nur einfache Bausteine ohne weitere Verbindungshilfen gestapelt. So können sie leicht herausfallen.

Hersteller: Julius Stief, Spielwarenfabrik Nürnberg (ca. 1890–1920), um 1900
Baukasten: 33 × 24 × 7 cm, Nadelholzkasten mit Schiebedeckel, Deckelbildlithografie
Bausteine: Nadelholz, natur, Fenster mit aufgeklebtem Druck
Beilagen: 2 Aufbauanleitungen, 23 × 19 cm, ein Plan, auf Deckelinnenseite geklebt

Villa Nova No. 299

Beim Bauen orientiert man sich an den Schichtenplänen, welche die Anordnung der Steine in den jeweiligen Lagen zeigen. Die abgebildete, circa 15 Zentimeter hohe Villa wurde aus über 80 Bauteilen zusammengesetzt. Neben dieser großen gab es noch eine kleine Ausgabe der Villa Nova.

Hersteller: Carl Brandt jr., Steinnußkopffabrik, später Fabrik feiner Holzspielwaren Berlin (1856–1873), Gößnitz (1874–1930), um 1905
Baukasten: 36 × 24 × 6 cm, Schachtel mit kaschierten Holzseitenwänden und Pappdeckel/-boden
Bausteine: Hartholzelemente, bemalt, bedruckt, lackiert, gebeizt
Beilagen: Deckelinnenseite mit Sortierplan, 3-seitige Anleitung in 3 Sprachen, 14,5 × 22 cm, 12 Blatt lithografierte Baumodelle, 16 × 23,5 und 19,5 × 31 cm, Bauteileliste, 33 × 20 cm, 5 Schichtenpläne, 23 × 32 cm, 7 Schichtenpläne, 33 × 40,5 cm, gefaltet

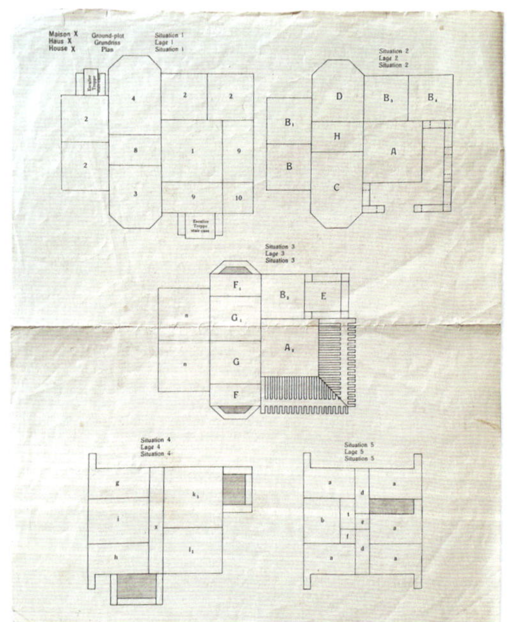

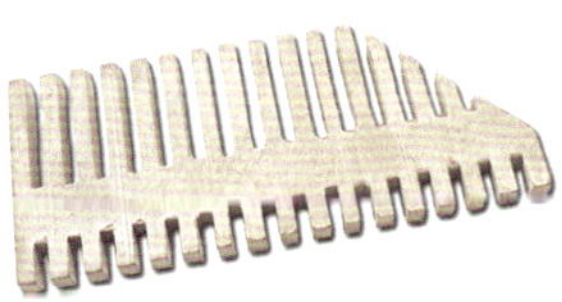

Brandt's Städte-Baukasten No. 253a

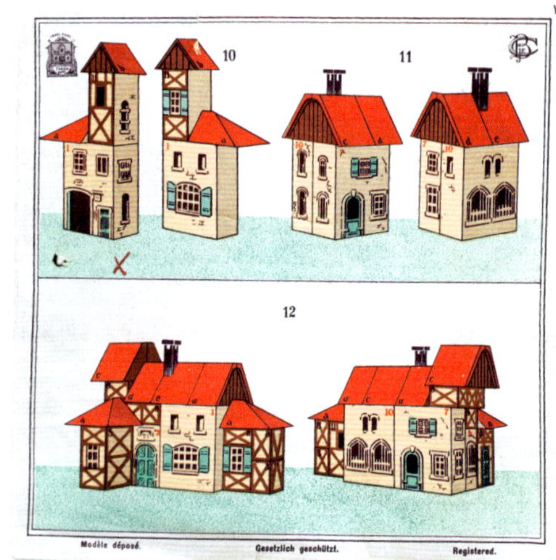

Um die Wende zum 20. Jahrhundert nahm die Bevölkerungsdichte rasant zu und eine langwährende landwirtschaftlich geprägte Zeit wich einer städtischen Epoche. Das rasche Wachstum der Städte bedeutete für viele Menschen, unter engen und unhygienischen Bedingungen wohnen zu müssen. Der Widerstand gegen das Wohnen in der Etage wuchs in breiten Schichten der Stadtbevölkerung und um die Großstädte bildeten sich Gürtel von landhausmäßigen Ansiedlungen. Aus diesem Interessenzusammenhang entstanden auch die Brandt's Städte-Baukästen, die einen Rückzug aus der Unwirtlichkeit der Städte in ein ländliches Idyll boten.

Hersteller: Carl Brandt jr., Steinnußkopffabrik, später Fabrik feiner Holzspielwaren Berlin (1856–1873), Gößnitz (1874–1930), um 1910
Baukasten: 19 × 19 cm, verstärkte Pappschachtel mit Deckel, allseits farbig kaschiert, lackierte seitliche Holzleisten
Bausteine: 26 hochwertig verarbeitete Hartholzelemente, bedruckt, lackiert
Beilagen: in Deckel geklebte Verteilungsgrafik, Anleitung in 3 Sprachen, 14 × 37 cm, gefaltet, 5 Blatt farbige Bauvorlagen mit 10 Entwürfen, 16,5 × 16,5 cm, 12 grüne Grundrisspläne, 16,5 × 11,5 cm

Brandt's Städte-Baukasten No. 253b

Hersteller: Carl Brandt jr., Steinnußkopffabrik, später Fabrik feiner Holzspielwaren Berlin (1856–1873), Gößnitz (1874–1930), um 1910
Baukasten: 35,5 × 21 × 4 cm, Pappkarton mit seitlichen Holzleisten, außen und innen mit farbigem Druck kaschiert, Bausteinsortiergrafik im Deckel
Bausteine: ca. 100 hochwertig verarbeitete Hartholzelemente, bedruckt, lackiert
Beilagen: 15 Bauvorlagen, 10 × 7 bis 21 × 8 cm, 9 Grundrisspläne Gebäude, 17 × 11,5 cm, 4 Grundrisspläne Gebäudekomplexe auf Graupappe, 34 × 19,5 cm

Die Brandt's Baukästen faszinieren immer wieder durch die wohlsortierte Anordnung der Bausteine in den Kästen.

Brandt's Städte-Baukasten No. 253d

In einer Anzeige eines Spielwarenkatalogs von 1912 wurden die Brandt's Städte-Baukästen zu Preisen von 2 bis 8 Mark angeboten.

Hersteller: Carl Brandt jr., Steinnußkopffabrik, später Fabrik feiner Holzspielwaren Berlin (1856–1873), Gößnitz (1874–1930), um 1910
Baukasten: 30,5 × 19.5 × 3,5 cm, Pappkarton mit seitlichen Holzleisten, Deckel allseits farbig kaschiert
Bausteine: hochwertig verarbeitete Hartholzelemente, bedruckt, lackiert
Beilagen: 3-seitige Einleitung auf Deutsch, Englisch, Französisch, 14,5 × 23 cm, 7 farbige Bauvorlagen mit 14 Entwürfen, 25 × 17 cm, 13 grüne Grundrisspläne, bis max. 27 × 16,5 cm

Brandt’s Burgen-Baukasten No. 280a

Die Anleitung beschreibt das Deckelmotiv wie folgt: „Einen besonderen Reiz bietet eine solche selbstgebaute Burg den Kindern dadurch, dass dieselbe mit den kleinen Spielzeugkanonen, wie sie fast jeder Knabe besitzt, eingeschossen werden kann.“ Dafür muss die Burg aber erst einmal stehen! Die zum Teil kleinen und leichten Bauteile verrutschen sehr leicht.
Der besondere Reiz der Bauwerke kommt durch die Einbindung des Felsengrundes zustande: bemalte, mit Korkstückchen beklebte Klötzchen.

Hersteller: Carl Brandt jr., Steinnußkopffabrik, später Fabrik feiner Holzspielwaren Berlin (1856–1873), Gößnitz (1874–1930)
Baukasten: 34,5 × 22 × 8 cm, Kartonschachtel, aufgeklebter Deckeldruck, nachgebauter Schachtelboden
Bausteine: ca. 150 Weich- und Hartholzelemente, bedruckt, bemalt
Beilagen: 4-seitige Anleitung in 3 Sprachen, 14,5 × 22,5 cm, 8 Blatt farbige Modellvorlagen, 26 × 16 cm, 8 Blatt Grundrisspläne, 26 × 17 cm

Die Modelle des Burgenbaukastens sind mit maximal 24 Zentimeter Bauhöhe recht zierlich

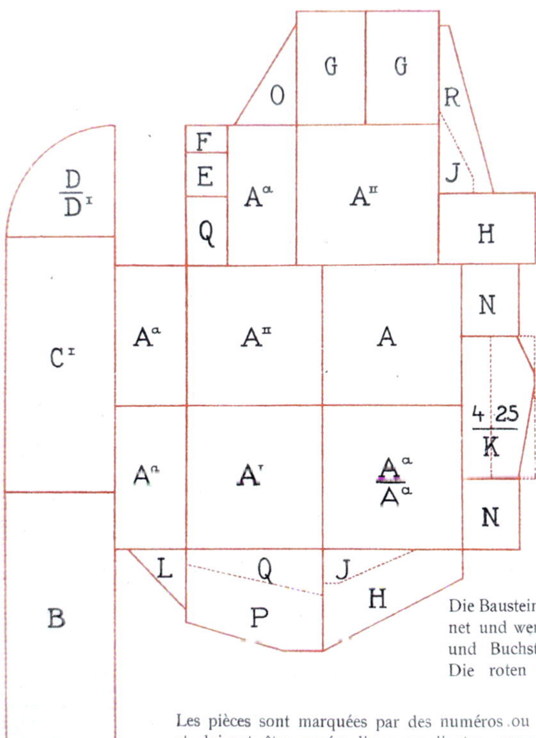

Die Bausteine sin[...]
net und werden [...]
und Buchstaben [...]
Die roten Buch[...]

Les pièces sont marquées par des numéros ou lettre[...]
et doivent être posées l'une sur l'autre, comme les
numéros et lettres sont posées au-dessus dans le plan

No. 280a

Vue de face. | Vorderansicht. | Front View.

V.

Vue de derrière. | Rückansicht. | Rear View.

V.

Modèle déposé. | Gesetzlich geschützt. | Registered.

Münchner Kindl-Baukasten No. 3

Der Kunstmaler Karl Throll (1873–1952), zugleich Inhaber der Leizachtaler Holzwerke, entwickelte 1904 die mehrfach ausgezeichneten Münchner Kindl-Baukästen und gründete mit Josef Kopf das Unternehmen. 1924 kosteten die Kästen zwischen 1,80 und 12,80 Mark (ein Facharbeiter verdiente damals eine Mark pro Stunde). Die 1920er Jahre waren die Glanzzeit dieses Baukastens. Dann wurde es in den 1930er Jahren still um ihn. Nach dem Konkurs der Firma führte die Holzspielwarenfabrik Max Pause die Herstellung der Baukästen weiter.
Die Bausteine sind handlackiert, vorwiegend mit weißer Ölfarbe, daneben rot bemalte Dachteile und aufgemalte Türen und Fenster.

Hersteller: Münchner Kindl-Baukasten GmbH, München (1905–1917), Holzspielwaren Pause, Pasing (bis 1930er Jahre), 1910er–30er Jahre
Baukasten: Nadelholzkasten, 44 × 31 × 6 cm, 2-lagig, Holzfachunterteilung, aufgeklebter Deckeldruck
Bausteine: Buchenholzsteine, vollflächig lackiert mit Zubehörteilen
Beilagen: 4-seitige Sammelmappe, 28 × 40,5 cm, 8 Blatt farbige Bauvorlagen für 29 Modelle, 25 × 38 cm, 13 Blatt Setzvorlagen, 26 × 38 cm, Sortierplan auf Deckelinnenseite und im Kastenboden

Das circa 27 Zentimeter hohe „Stadttor“

Die Fenstersteine wurden erst schwarz lackiert, mit grüner Ölfarbe überzogen und schließlich die Fensterladenstruktur mit einem Kamm erzeugt.

Der Baukasten gewinnt auch durch seine hübschen lithografierten Bauvorlagen: Die Modelle stehen in einer klar strukturierten Landschaft vor weiß-blauem Himmel.

Der kleine Baumeister

Mit vielen Holzbaukästen, die das Nut-Feder-System verwenden, macht das Bauen keine rechte Freude. Die mangelnde Maßhaltigkeit von Nuten und Federn und die geringe Passgenauigkeit der Teile machen diesen Baukasten zu einem Puzzle- und Geduldsspiel.

Hersteller: Louis Engel & Co. Baukasten- und Holzspielwarenfabrik Blumenau, später VEB Engel-Baukastenfabrik und VEB-Baukastenfabrik Blumenau (1878–1957), 1910–1936
Baukasten: 37 × 17,5 × 2,7 cm, leichte Kartonschachtel, Deckel allseits bedruckt
Bausteine: kleine Hartholzsteine, natur, gefärbt, bedruckt, poliert, Nut-Feder-System
Beilagen: 1 Blatt Baubeispiele, 30 × 14 cm und 34 × 15 cm, Bausteineliste, 14,5 × 9,5 cm

Zweifel's Schweizerbaukasten

Carl Zweifel (1884–1963) studierte in München und Karlsruhe Architektur, auch war er als Werbegrafiker tätig. Als seine beruflichen Tätigkeiten nach Ausbruch des Ersten Weltkrieges ruhten, fing er mit der Produktion von Holzbaukästen an. Für seine Kästen gewann er 1915 den höchsten Preis des Schweizerischen Werkbundes. Die Zweifel's Baukästen wurden in sechs verschiedenen Größen angeboten.

Hersteller: Zweifel's Schweizer Spielwaren, Carl Zweifel, CH-Lenzburg (1915 bis nach 1952), um 1915
Baukasten: 39,5 × 23 × 8 cm, Holzkasten mit Schiebedeckel, dunkelbraun gebeizt
Bausteine: ca. 120 Bausteine, gebeizt und lackiert, teils mit farbigem Druck beklebt, Zierelemente, 2-lagig
Beilagen: 8-seitige Bauanleitung, 21,5 × 16,5 cm

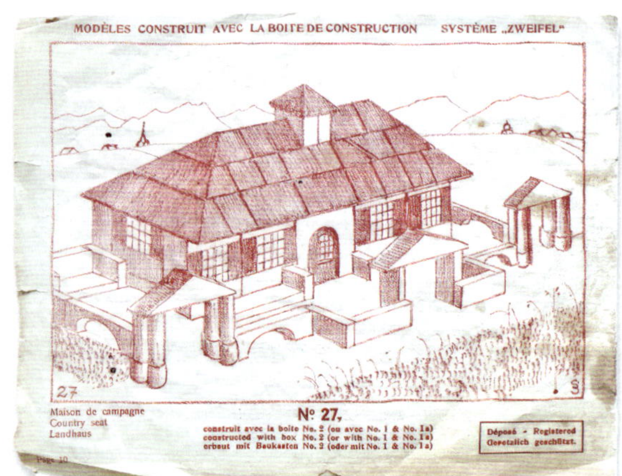

ORA
PRO NOBIS

Fachwerk

Hersteller: S. F. Fischer, Spiel- und Holzwarenfabrik, Seiffen-Oberseifenbach (1850–1972), 1920er Jahre
Baukasten: 18 × 14 × 3,5 cm, Nadelholzkasten mit Schiebedeckel
Bausteine: kleine 2-cm-Steine, gefärbt, bedruckt
Beilagen: nicht vorhanden

Schwarzwald

Ähnlich den Brandt's Städte-Baukästen, die einen Rückzug in ein vergangenes Idyll boten, griff der Schwarzwald baukasten das Motiv der Ferien auf dem Lande auf. Es gab acht Ausführungen des Baukastens, bis in die 1950er Jahre hinein. Die kleinen, sehr leichten Holzbauteile werden lediglich zusammengestellt – eine fragile Arbeit für eine ruhige Hand. Einsturzgefahr schon bei geringster Erschütterung!

Hersteller: S. F. Fischer, Spiel- und Holzwarenfabrik, Seiffen-Oberseifenbach (1850–1972), 1910–1950er Jahre
Baukasten: gefärbter Holzkasten, 18, 5 × 18,5 × 3,7 cm, Schiebedeckel
Bausteine: 2 × 2 cm, bedruckt, farbig lasiert
Beilagen: 2 Bauvorlagen mit ca. 30 Modellbeispielen, 24 × 20 cm und 32 × 24 cm, gefaltet

Miniaturbau – Erweiterung Villenkolonie

Hersteller: S. F. Fischer, Spiel- und Holzwarenfabrik, Seiffen-Oberseifenbach (1850–1972), um 1910
Baukasten: 26,5 × 18,5 × 3,5 cm, Nadelholzkasten mit Schuber
Bausteine: ca. 140 Buchenholzsteine, 2 cm, bedruckt, gefärbt
Beilagen: 2 Blatt Baubeispiele mit 7 Modellen, 20 × 14 cm

Les Bois de Megève. Jeu de Constructions

Auf dem Deckel des Baukastens ist ein rundes Schildchen aufgeklebt, welches auf das berühmte Skigebiet in den Savoyer Alpen hinweist. In den 1920er Jahren begann der touristische Aufschwung des Ortes. Als Baron Maurice de Rothschild das erste Hotel der Luxusklasse eröffnete, wurde Megève schnell zum bevorzugten Treffpunkt der Aristokratie. In den 1950er Jahren zählte es zu den beliebtesten Skigebieten Europas, ein Magnet für zahlreiche Prominente. Megève brachte auch Ski-Champions hervor, die vor allem in den 1930er Jahren Weltmeisterschaften und Olympiaden gewannen. So war der Baukasten sicherlich ein Mitbringsel eines Feriengastes jener Zeit.

Hersteller: unbekannt, Frankreich, ca. 1930er Jahre
Baukasten: 38 × 29 × 3 cm, schmale Holzschatulle mit Scharnieren und Schließen, aufgeklebter Deckeldruck
Bausteine: Nadelholz, gefärbt
Beilagen: 2 Vorlagenblätter, 32 × 23 cm, Sortierplan auf Deckelrückseite

La Ciudad Jardin Arquitectura

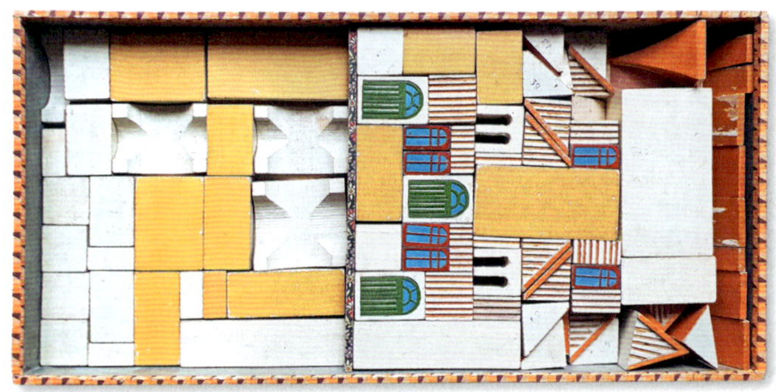

Der große Baukasten „Die Gartenstadt“ aus Spanien ähnelt in Bauart und Bausteingröße dem Münchner Kindl- oder Zweifel’s Schweizerbaukasten; allerdings ist er mit vielen kleinteiligen Zusatzelementen individueller und detailverliebter gestaltet.
Einer der schönsten Baukästen der Sammlung! Mit den großen Steinen lassen sich bis zu 33 Zentimeter hohe, phantasievolle Gebäudeszenerien erstellen. Sie entsprechen dem damaligen spanischen Landhausstil.

Hersteller: unbekannt, Spanien, 1920er Jahre
Baukasten: 61 × 30 × 6 cm, Kartonschachtel mit verstärkten Seiten, allseits farbig kaschiert
Bausteine: Hartholzsteine, lackiert, zum Teil gefräst, gestanzt, 2-lagig
Beilagen: 12 farbige Bauvorlagen, 27,5 × 21,5 cm, oberflächenveredelt, 12 Grundriss-Aufbaupläne (1:1), 38,5 × 27 cm

Dieses separate Kästchen mit kleineren Bauteilen
wird in den großen Kasten integriert.

Roschi Plan-Baukasten

Mit dem Plan-Baukasten lassen sich alpenländische Häusergruppen erstellen. Das Besondere dieses Kastens sind jedoch die Grundrisspläne, die das Umfeld der Gebäude zeigen und worauf die Bausteine direkt plaziert werden. Die Modelle wirken so landschaftlich eingebunden. In einer damaligen Werbeanzeige hieß es: „Das andere der beiden Blätter stellt den Baugrund dar: […] und drum herum die Wiesen und Straßen, die Bäume, Bäche und Brunnen, ja sogar die Tiere und die Männlein und Weiblein.“ Die Sehnsucht nach der heilen Welt.

Hersteller: Rolf Schiebel Gmbh, München, 1950er Jahre
Baukasten: 41 × 27,5 × 6 cm, stabiler Holzkasten mit Schiebedeckel, aufgeklebter Druck
Bausteine: Hartholzsteine, allseits farbig lackiert und bemalt
Beilagen: Erklärung und Sortierplan, jeweils 21 × 29,7 cm, 10 Blatt Bauvorlagen, 32 × 22 cm, beidseitig farbig bedruckt, Schichtenpläne und Modellansicht

36

Armator

Die Firma Fritzsche bot 1934 den Armator als typisches Produkt seiner Zeit an: ein Baukasten für Festungen und Kriegsschiffe. In einer Fachzeitschrift wurde mit dem Armator unter Benennung „gezielter Bestückung mit militärischen Baumodellen“ geworben. Für bewegliche Modelle hat der Armator einen einfachen Federmotor mit einem Blechkranz, an dem die genuteten Bauteile aufgesteckt werden können. Einfache Gummiringe geben letzten Halt.

Hersteller: Carl Fritzsche Baukastenfabrik, Blumenau i. Sa., Baukasten- und Holzstoff-Fabrik (1896–1941), KG (1957–1972), VEB Holzspielwaren Blumenau (1972–1990)
Federmotor: Nürnberger Laufwerkfabrik Paul Weiß, 1930er Jahre
Baukasten: 38 × 27 × 5 cm, Nadelholzkasten mit Sperrholz-Schiebedeckel, aufgeklebter Druck
Bausteine: Buchenholz, natur, teilweise gefräst, gefärbt, bedruckt, geprägt, 2 Federmotoren; Bauteile werden mittels kleinster Holzplättchen verbunden oder gestapelt
Beilagen: 1-seitige Anleitung, 22,5 × 17 cm, 3 Blatt Bauvorlagen, 27,5 × 18 cm

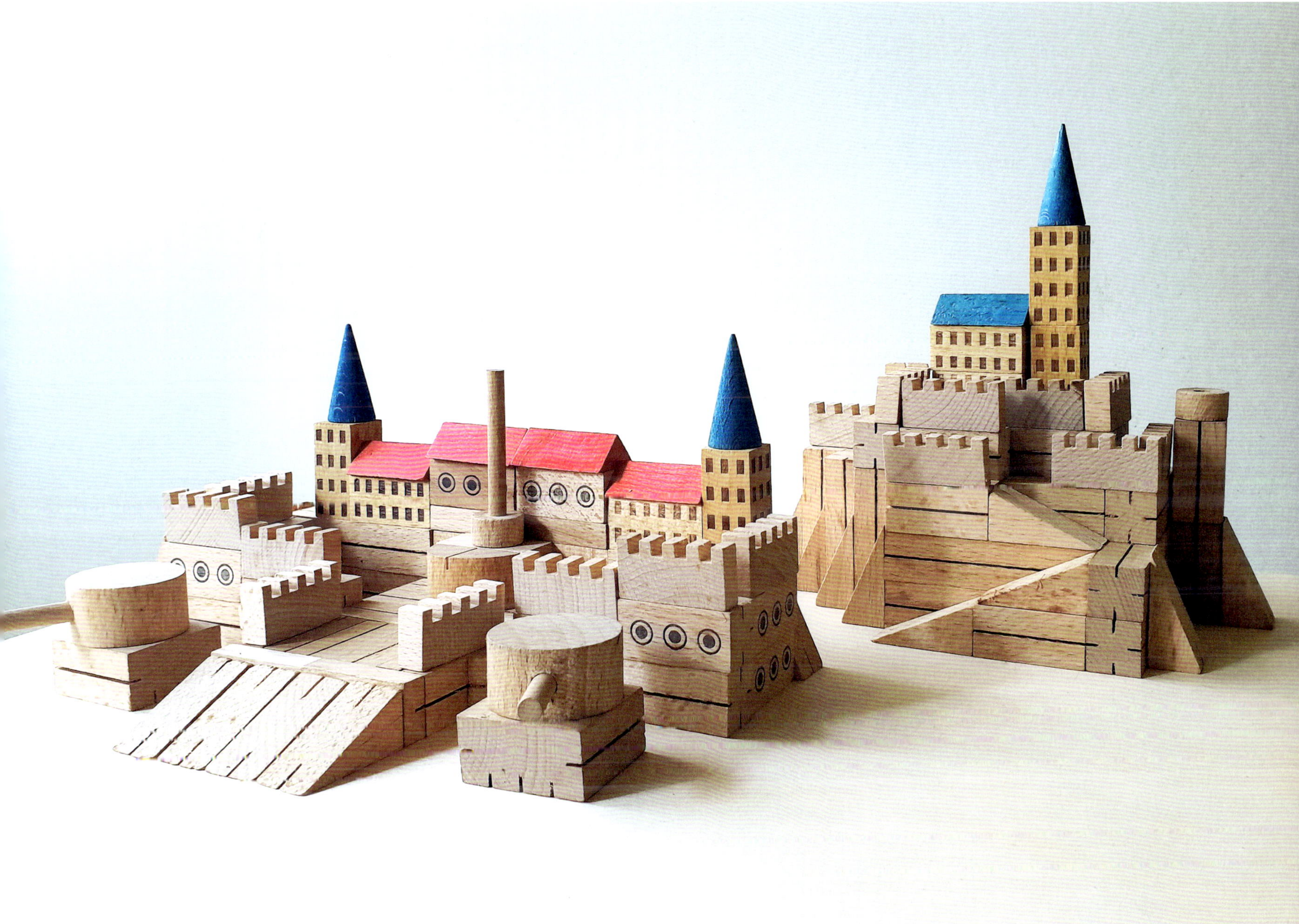

Hausser's Künstler-Baukasten

Die Firma Hausser wurde besonders durch ihre Elastolin-Figuren bekannt, meist Soldaten und anderes Kriegsspielzeug. Elastolin, eine Mischung verschiedener Inhaltsstoffe, wie Holzmehl, Ton, Gips und Leim, wurde auch als Gattungsname für Massefiguren anderer Hersteller benutzt. Die Turmspitzen und Zusatzausstattungen der Baukästen bestehen aus dieser luftgetrockneten Masse. 1910 begann die Produktion der Massefiguren in Ludwigsburg. Ende der 1930er Jahre wurden jährlich über drei Millionen Figuren produziert, die heute unter Sammlern sehr begehrt sind. 1969 wurde die Produktion dieser Figuren eingestellt und die Markenrechte und Figurenformen durch die Firma Preiser (jedem Modelleisenbahner bekannt) übernommen.

Hersteller: O. & M. Hausser Fabrik feiner Spiele und Spielwaren, Ludwigsburg (1904–1935), Neustadt b. Coburg (1936–1983), 1920er–30er Jahre
Baukasten: 38 × 31 × 7,5 cm, Nadelholzkasten mit Schiebedeckel, Facheinteilungen
Bausteine: Hartholzleisten, genutet, Massebauteile, beidseitig bedruckte Bleche für Häuserwände und Dächer
Beilagen: 28-seitige Anleitung mit Bauplänen, 18 × 12,5 cm

10

erbaut mit Grundkasten No10.

Die Hausser's Künstler-Baukästen gehören zu den detailreichsten Baukästen der Sammlung und verlangen hohe Konzentration beim Aufbau der Modelle. Alle Wände und Dächer bestehen aus bedrucktem Blech und lassen sich gut in schmalste Nuten der Holzleisten einstecken. Allerdings ist die Verbindung der Holzleisten mittels Metallplättchen eine komplizierte Prozedur. Das Ergebnis beeindruckt durch natürlich wirkende Fachwerk- und Barockbauten. In der Bauanleitung heißt es: „Wenn das Spiel die Arbeit des Kindes ist […], so ist es Pflicht des Erwachsenen, diese Arbeit in kultureller Beziehung zu vertiefen."
Die Künstlerbaukästen gab es in verschiedenen Ausführungen: sechs Hauptkästen, fünf Ergänzungs- und drei Ausschmückungskästen.

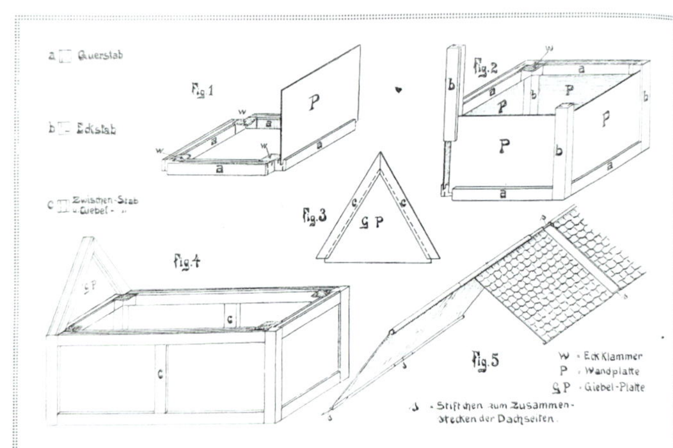

Perplex Baukasten No. 1

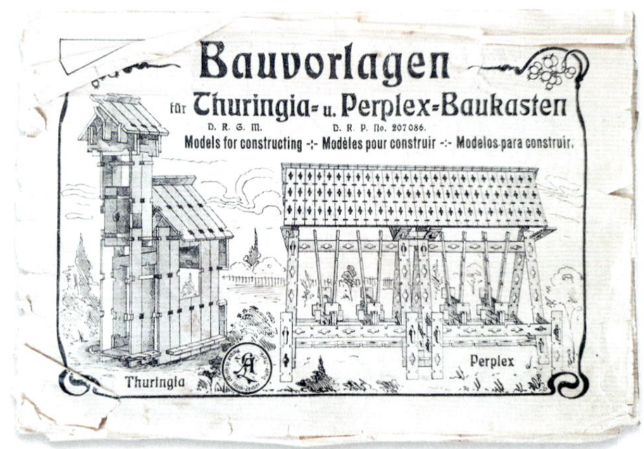

Aus einem damaligen Spielwarenkatalog: „Von ersten Architekten und den massgebendsten Fachzeitungen der Spielwarenbranche glänzend begutachtet.“ Es gab drei Baukastengrößen und drei Ergänzungskästen.

Hersteller: Albert Liebehenz, Ilmenau (1904–1911), um 1907
Baukasten: 20 × 16 × 4 cm, kleiner Holzkasten mit Schiebedeckel, aufgeklebter Druck
Bausteine: diverse einheitliche Hartholzleisten mit Durchbrüchen
Beilagen: 32-seitiges Vorlagenheft für den Thuringia- und den Perplex-Baukasten

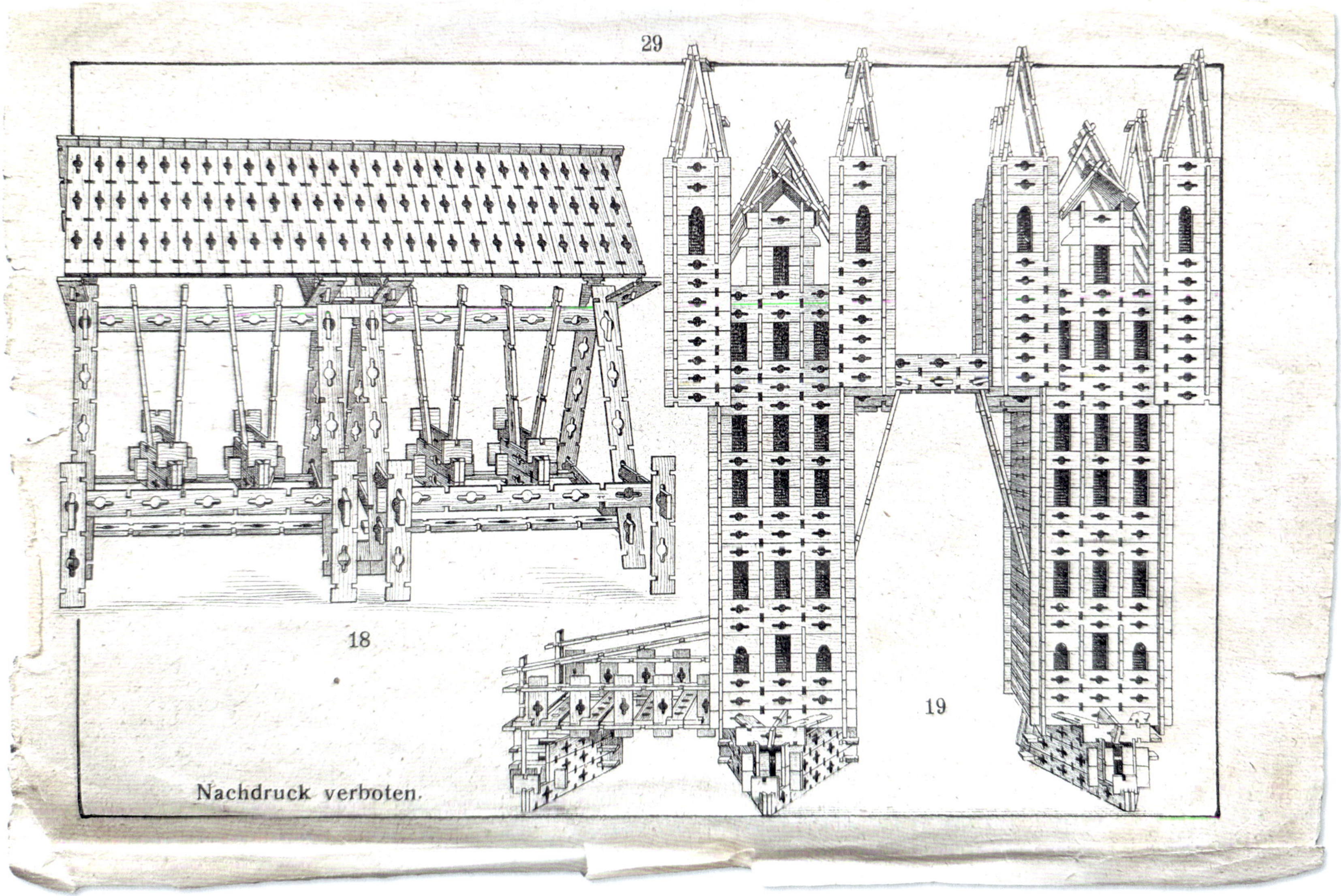
29
18
19
Nachdruck verboten.

Baukasten Thuringia No. 3

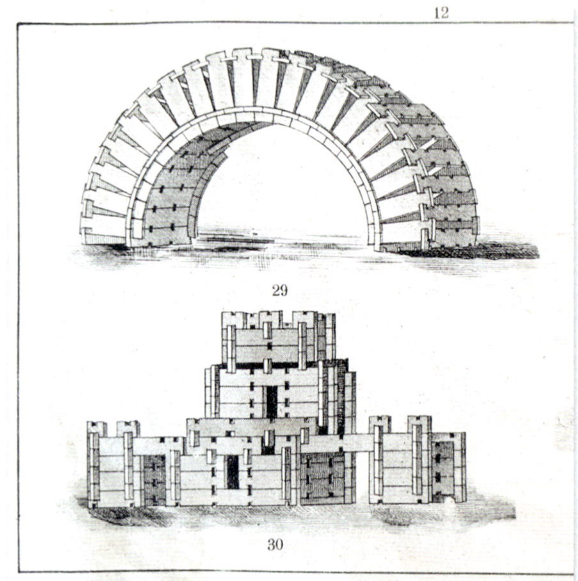

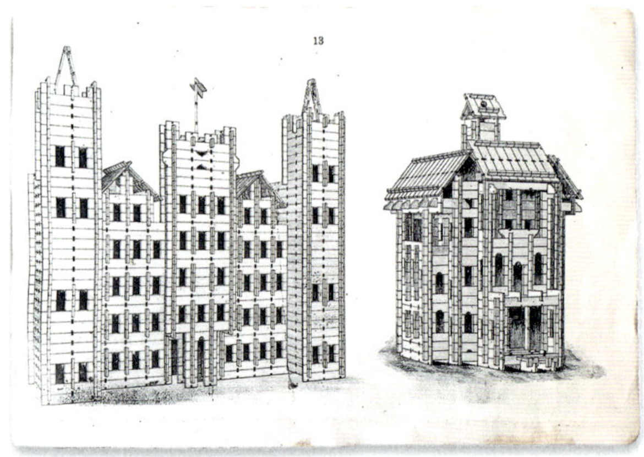

Wie beim Perplex-Baukasten besteht das System aus nur einer Bausteinform in unterschiedlichen Längen. Der Thuringia-Baukasten hat im Gegensatz zum Perplex keine schlüssellochähnlichen Mittelöffnungen in den Holzleisten. Mit diesen typischen Systembaukästen lassen sich sehr umfangreiche und stabile Bauwerke errichten. Allerdings können erst größere Gebäude ihren architektonischen Reiz entfalten. Die Baukastenreihe bestand aus drei Grund- und drei Ergänzungskästen.

Hersteller: L. A., Thüringen (ca. 1910–1926), um 1925
Baukasten: 33 × 21 × 4 cm, Holzkasten mit Schiebedeckel
Bausteine: ca. 150 Hartholzleisten, natur, 2-lagig
Beilagen: 16-seitiges Bauvorlagenheft mit 40 Vorlagen für Kästen 1 bis 3, 18 × 13 cm

Das Modell wurde mit zusätzlichen Teilen anderer Thuringia-Baukasten erstellt.

Reformbaukasten „Akro“ Nr. 0

Der Baukasten wurde 1936 in der Architekturzeitschrift *Das Werk, Architektur und Kunst* sehr wohlwollend besprochen und als nicht nur für Kinder geeignet empfohlen: „Akro-Bau ist ganz hervorragend geeignet, gewisse Proportionsgesetze herauszufinden und zu erproben […] so lassen sich vielfältige Bauten mit den so einfachen Einheitsbausteinen herstellen.“ Dennoch wurde er für nur sehr kurze Zeit hergestellt. Das Prinzip funktioniert. Es ist faszinierend, welch komplexe und strukturierte Gesamtformen mit den gleichen Teilen entstehen können. Die Stabilität ist bestens.

Hersteller: Robert Itten-Staub, Zürich, 1930er Jahre
Baukasten: 30 × 23 × 3 cm, Kartonschachtel mit bedrucktem Deckel
Bausteine: Hartholzteile in 3 Längen zum Ineinanderschieben
Beilagen: Kopien mit Modellbeispielen

Architecto

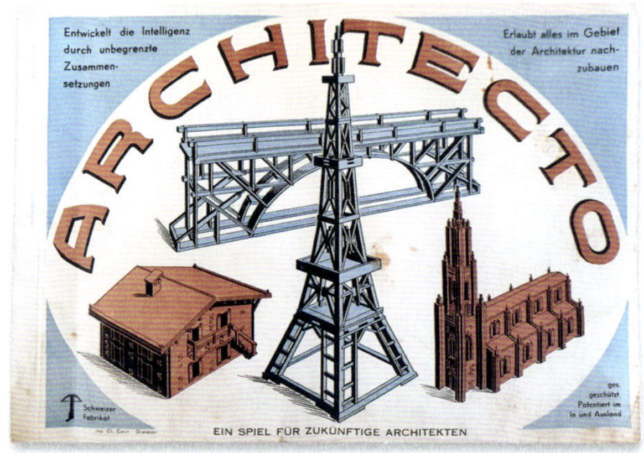

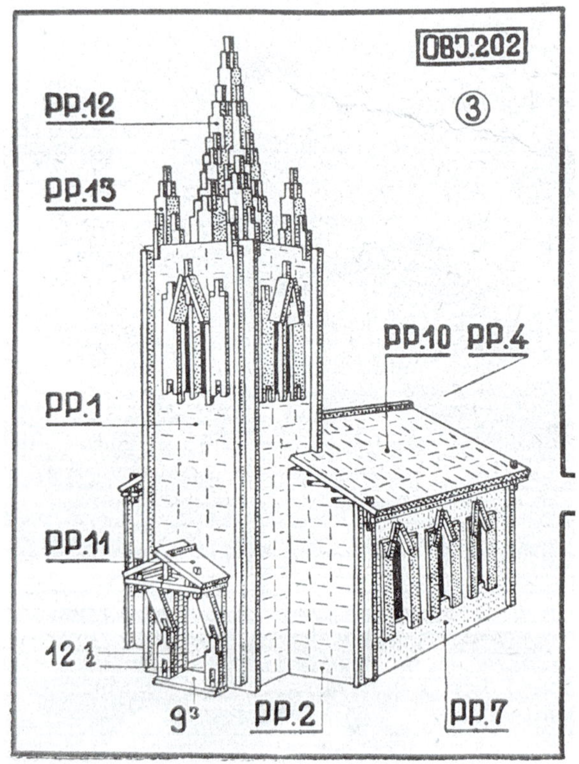

Der Architecto ist ein anspruchsvolles Baussystem, mit dem man über viele Stunden konzentriert arbeiten kann. Zunächst müssen die Bauanleitungen genau studiert und die kleinen Abbildungen entziffert werden, um dann Bauphase für Bauphase vorzugehen. Die 20 unterschiedlichen Stäbchenarten haben eine gute Passgenauigkeit. Die Holzteile lassen sich gut ineinanderfügen, da sie einem gewissen Druck nachgeben und somit eine stabile Verbindung schaffen.

Hersteller: Keller & Sohn, St. Gallen, Schweiz (1930er Jahre), ab 1944
Baukasten: 47 × 24 × 8 cm, großer Nadelholzkasten, Schiebedeckel aus Pressspan, der Deckeldruck imitiert geflammtes Holz
Bausteine: über 500 Nadelholzbauteile, in Pappschachteln geordnet, die Holzstäbchen werden ineinandergedrückt
Beilagen: 30-seitiges Vorlagenheft, 30 × 21 cm, mit umfangreichen Bauanleitungen auch für sehr große Modelle

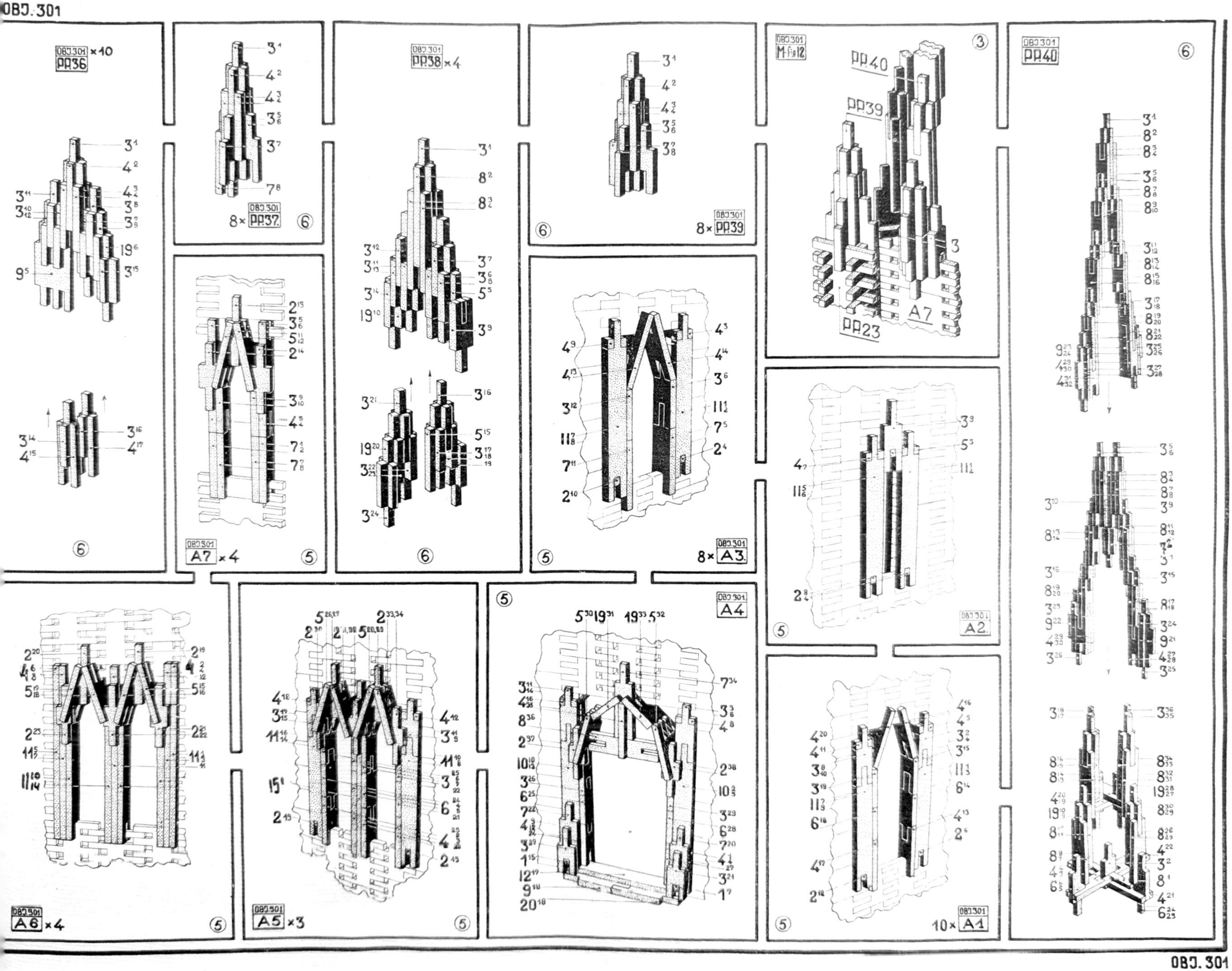

Die Bauanleitung in sehr kleinem Maßstab stellt eine Herausforderung dar (vergrößerter Ausschnitt).

The New City – Ingenius Minimal

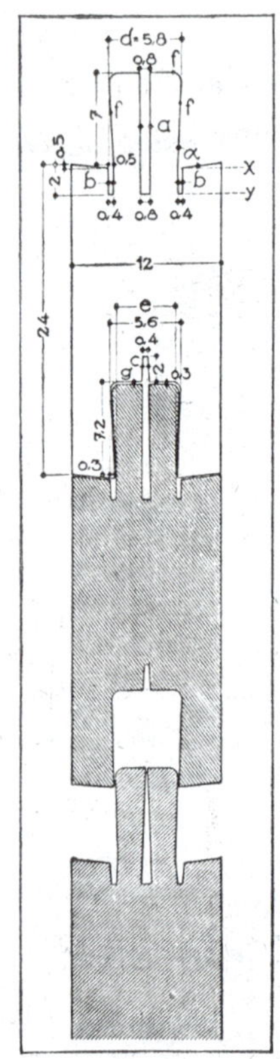

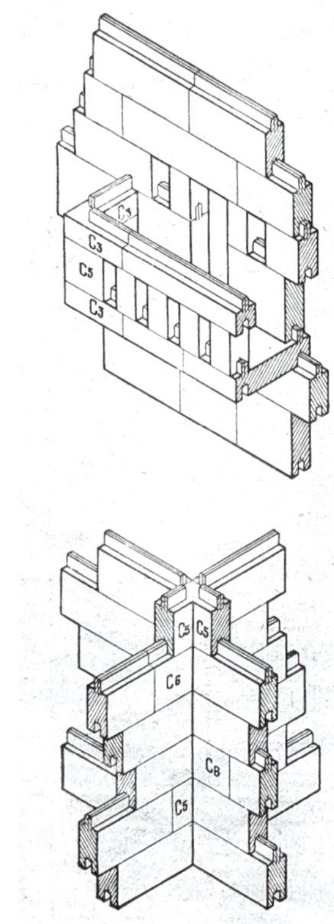

Die Ingenius-Baukästen (*ingenius* = das Schöpferische) wurden von den Architekten Wilhelm Kreis (1873–1955) und Carl August Jüngst entworfen. Wilhelm Kreis prägte die deutsche Architektur vom Kaiserreich bis in die 1950er Jahre und entwarf mit dem Düsseldorfer Wilhelm-Marx-Hauses 1922–24 eines der ersten Bürohochhäuser in Deutschland.
Die Bauelemente wurden nach mathematischen Grundsätzen entwickelt, mit Nut und Feder verbunden, verzapft und verkragt.

Hersteller: Ingenius Technische und Handels-GmbH, Wien (1920–1929), 1924–Anfang 1930er Jahre
Baukasten: 25 × 16 × 4,7 cm, Kartonschachteln mit schwarzroter Kaschierung und Deckeldruck
Bausteine: Rotbuchenholz, spezielles Nut-Feder-Prinzip
Beilagen: 8-seitiges Beschreibungsheft mit Teileaufführung aller Ingenius-Kästen, 3-sprachig, 6 Blatt Bauvorlagen, 9 × 17 cm, 6 Blatt Bauvorlagen, 18,5 × 28,5 cm, 8 Blatt Baubeispiele in Schwarzweiß-Fotografien, 26 × 18 cm, 4-seitiges Zusatzblatt, 24 × 16 cm

The New City – Ingenius Baby

Das Ingenius-Projekt sollte Spiel- und Lehrmittel für die Jugend sowie Modellierkasten für Fachleute sein. Die Baukästen bezogen sich bewusst auf zeitgenössische Tendenzen der Baukunst und entsprachen der Betonarchitektur des modernen Hochbaus (Bauhaus). In der beigelegten Broschüre wird auf die Filme der 1920er Jahre hingewiesen. Das Deckelmotiv erinnert an Filme wie *Metropolis* (1927) von Fritz Lang. Mehrere Sets sollten als „vollkommener Ersatz der größten Filmbauten“ dienen, aber sie wurden wohl nie für den Bau von Filmkulissen genutzt.
Die beigefügten Abbildungen, besonders die großen Städtebilder, stehen durch die klare architektonische Formgebung in wohltuendem Kontrast zu den sonstigen bekannten Baukastenstilen jener Zeit. So ermöglichte der Ingenius-Baukasten zum ersten Mal eine ernsthafte Arbeit auf dem Gebiet der damaligen Städtebaukunst. Diese Baukästen sind nicht nur sehr selten, sondern schaffen größte Baufreude.

Hersteller: Ingenius Technische und Handels-GmbH, Wien (1920–1929), 1920er Jahre
Baukasten: 29 × 20 × 10 cm, stabile schwarze Pappschachteln, Deckel allseits farbig bedruckt
Bausteine: Rotbuchenholz, spezielles Nut-Feder-Prinzip
Beilagen:
8-seitige Beschreibung, wie Ingenius Minimal, 12 Seiten Baubeispiele in Schwarzweiß-Fotografien, 26 × 18 cm, 6 Blatt Bauvorlagen, doppelseitig, 35 × 25 cm, 8 Blatt Bauvorlagen des Baukastens Lilliput sowie 6 Blatt des Minimal, 3 Blatt Fenstervorlagen zum Ausschneiden

The New City – Ingenius Normal

Der zweitgrößte Baukasten der Ingenius-Reihe wiegt mit seinen 1000 Bauteilen stolze 12 Kilogramm. Mit ihm können nun tatsächlich die in der Anleitung beschriebenen Großstadtgebäude errichtet werden. Die Ingenius-Baukästen wurden in sieben Ausführungen angeboten: Populus: 27 Teile, Lilliput: 31 Teile, Minimal: 53 Teile, Baby: 233 Teile, General: 530 Teile, Normal: 1000 Teile, New City: 3000 Teile. Daneben gab es noch Supplementsbaukästen mit 100 bis 1000 Teilen, den „Technikus" für die ingenieurtechnische Seite (laufende Maschinen) sowie Baukästen mit Bausteinen gleicher Sorte. Mit diesen sollten Bauwerke *bis zu sechs Meter* errichten werden können! Der Bau der Modelle erfordert viel Zeit; es muss zunächst vorsortiert werden. Man wird aber mit imposanten und realistischen Gebäuden belohnt.
Es war ein reiner Glücksfall, diesen umfangreichen und sehr seltenen Baukasten zu erhalten – von einem Privatverkäufer, der ihn bis in die vierte Generation bewahrt hatte.

Hersteller: Ingenius Technische und Handels-GmbH, Wien (1920–1929), 1920er Jahre
Baukasten: 46 × 31 × 17 cm, kaschierte Schachtel mit 1 cm dicken Seitenwänden, farbig kaschierter Deckel
Bausteine: siehe Ingenius Minimal
Beilagen: 8-seitige Beschreibung (wie Minimal) mit Steineliste aller Kästen, 8 doppelseitig bedruckte Blätter Bauvorlagen, 50 × 39 cm, gefaltet, 4 Blatt Fenstervorlagen zum Ausschneiden

Das circa 100 Zentimeter hohe Bürohochhaus wurde mit Kopien der Fenster- und Tür-Vorlagen versehen.

Projektor Type 75

Die Projektor-Baukästen sind eine Imitation des Wiener Ingenius-Baukastens und unterscheiden sich von diesem, neben dem kleineren Maßstab, in ihrem Nut-Feder-System. Der Projektor hat zwei Reihen Nuten und Federn, der Ingenius nur eine. Damit umgeht er womöglich das Ingenius-Patent.

Hersteller: Max Schäffer, Wien, um 1930
Baukasten: 20 × 28 × 3,5 cm, Pappschachtel, allseits rot-schwarz kaschiert, teils goldfarbiger Deckeldruck, Sortierplan im Kastenboden
Bausteine: Buchenholzsteine mit Nut und Feder, verzapft und verkragt
Beilagen: 5 Vorlagenblätter, 10 Baubeispiele, 26 × 17 cm

„PROJEKTOR“ TYPE 75 Nr. 5

RATHAUS
MUNICIPIO

HÔTEL DE VILLE
SENATE-HOUSE

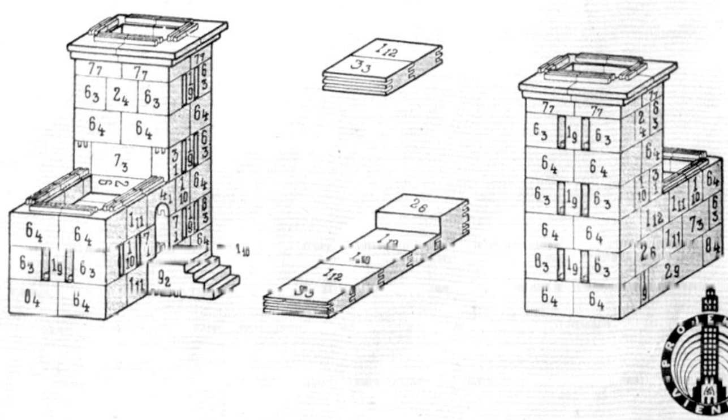

BAUWEISE
THE WAY OF CONSTRUCTION
MANIÈRE DE CONSTRUCTION **MODO DI COSTRUZIONE**

Projektor Type 150

Bei allen Baukästen befinden sich die Bauvorlagen in einem bedruckten 4-seitigen Umschlag mit Angabe der Steintypen und Bauweise.

Hersteller: Max Schäffer, Wien, um 1930
Baukasten: 23 × 32 × 3,5 cm, starke Pappschachtel, allseits rot-schwarz kaschiert, teils goldfarbiger Deckeldruck, Sortierplan im Kastenboden
Bausteine: Buchenholzsteine mit Nut und Feder, verzapft und verkragt
Beilagen: 5 Vorlagenblätter, 10 Baubeispiele, 26 × 17 cm

Projektor Type 300

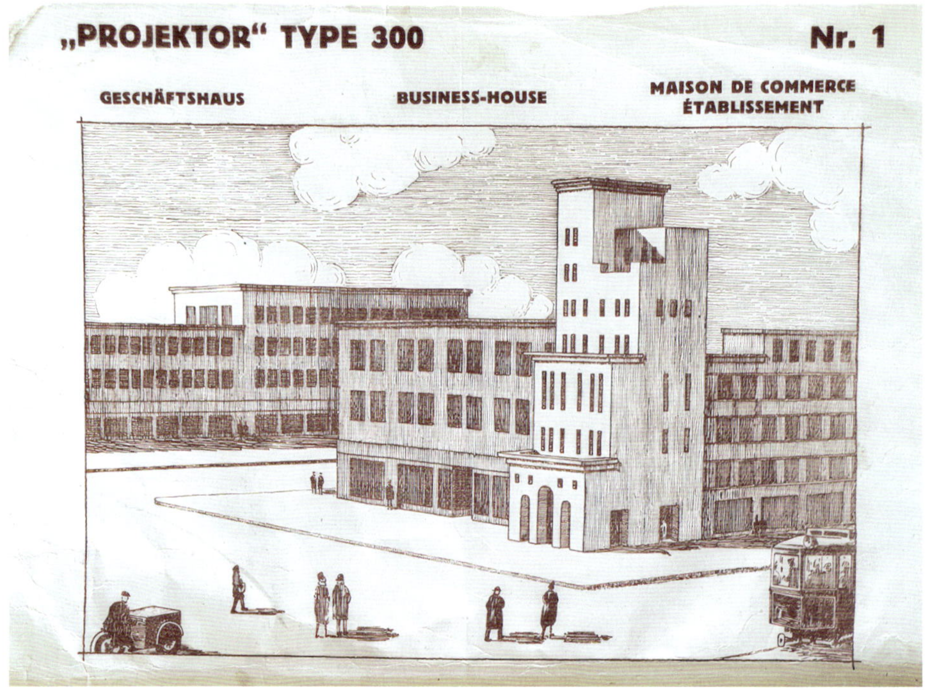

Im Gegensatz zu den Ingenius-Baukästen sind die Bauelemente beim Projektor um die Hälfte verkleinert – das gezeigte Modell erreicht circa 45 Zentimeter Bauhöhe.

Hersteller: Max Schäffer, Wien, um 1930
Baukasten: 26 × 36 × 5,0 cm, starke Pappschachtel, allseits rot-schwarz kaschiert, teils goldfarbiger Deckeldruck, Sortierplan im Kastenboden
Bausteine: Buchenholzsteine mit Nut und Feder, verzapft und verkragt, 2-lagig
Beilagen: 5 Vorlagenblätter, 24 × 34 cm, 10 Baubeispiele

Chateaux & Chaumières No. 1

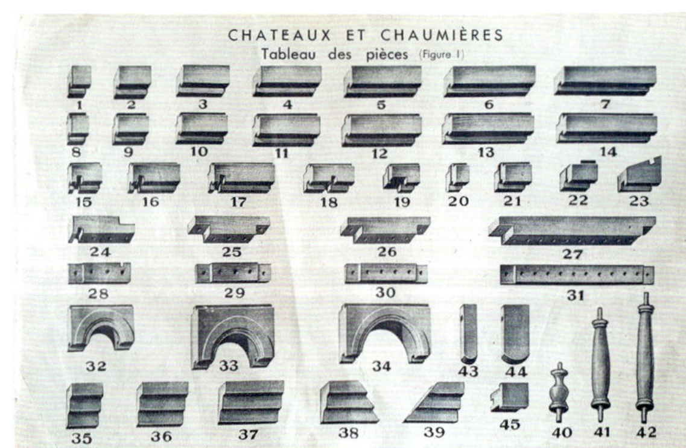

Ein komplexes Baukastensystem mit unterschiedlichen Bausteintypen. Das Nut-Feder-System funktioniert, allerdings könnte sich der Bau größerer Modelle als schwierig erweisen, da die Steine ungenau verarbeitet sind.
Es wurden vier Kastengrößen angeboten: von No. 1 mit 357 Teilen und elf Kartondrucken bis No. 4 mit 1233 Teilen und 34 *carton chromos.*

Hersteller: Établissements Garnier Ferés S.A.R.L., Tulle, Frankreich, 1930er–1940er Jahre
Baukasten: 36 × 26 × 7 cm, verzahnter Holzkasten mit Schiebedeckel, aufgeklebter farbiger Druck
Bausteine: gesägte und gefräste Buchenholzsteine, zum Zusammenstecken, Dachschindeln rot gefärbt, Fenster und Türen aus Karton, farbig bedruckt
Beilagen: 16-seitiges Anleitungsheft für Kästen 1 bis 4, 24 × 15 cm, mit Preisausschreiben für die schönsten eingereichten Modelle

Bâtiss No. 3

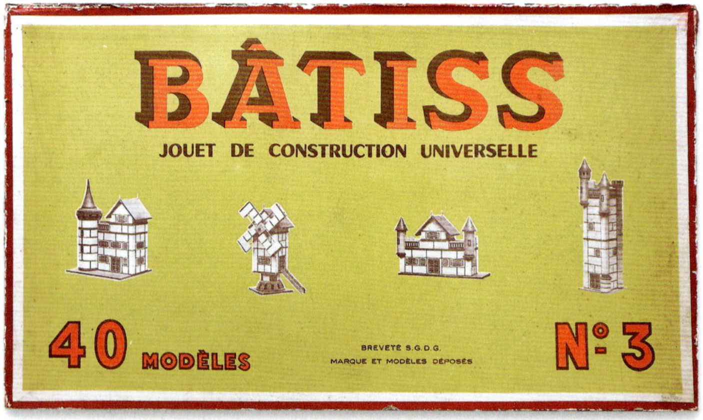

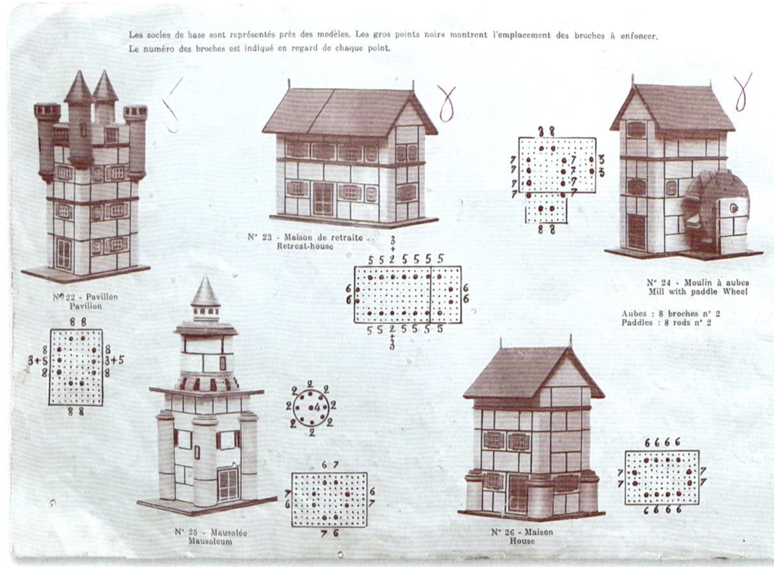

Hersteller: Bâtiss, Frankreich (1945–1960), 1940er Jahre
Baukasten: 55 × 31,5 × 5 cm, Kartonschachtel, allseits rot kaschiert, mit Erweiterungseinsatz, aufgeklebter Deckeldruck
Bausteine: Buchenholzsteine, teils bedruckt, gefräst, gedrechselt, Kartonplatten- und leisten, Metallstangen- und zinnen
Beilage: 16-seitige Bauanleitung mit Teileliste, 27,5 × 18,5 cm

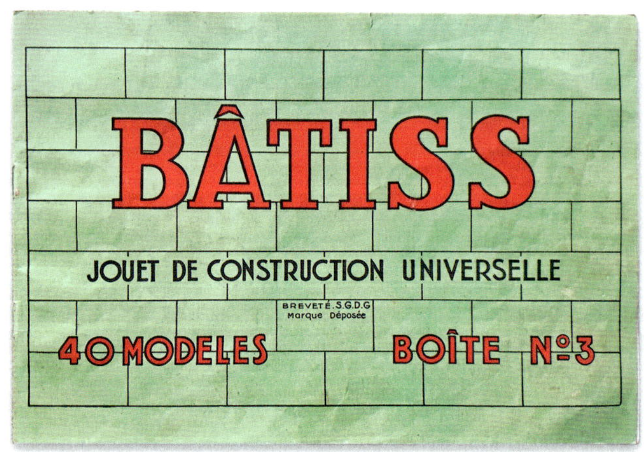
BÂTISS
JOUET DE CONSTRUCTION UNIVERSELLE
BREVETÉ S.G.D.G
Marque Déposée
40 MODELES
BOÎTE N°3

Der Bâtiss-Baukasten weist ein ungewöhnliches Verbindungssystem auf. Zunächst werden Metallstangen in dicke Kartonsockel gesteckt. Dann werden die Holzelemente auf den Stangen übereinandergesetzt. Feder und Nut der Wandteile erleichtern die Verbindung zwischen den Reihen. Gebogene Holzteile ermöglichen den Bau von Türmen. Eingelegte Kartonplatten für Innenböden oder Flachdächer stabilsieren zusätzlich. Das Baukastensystem besteht aus fünf Hauptkästen und drei Ergänzungskästen sowie Zusatzpackungen.
Unter dem Namen Baticlub wurden auch einfachere Baukästen ohne Metallstangen für jüngere Kinder hergestellt. Nicht verwunderlich, denn beim Hantieren mit den Metallstangen besteht auch für Erwachsene Verletzungsgefahr!

Maketho A1

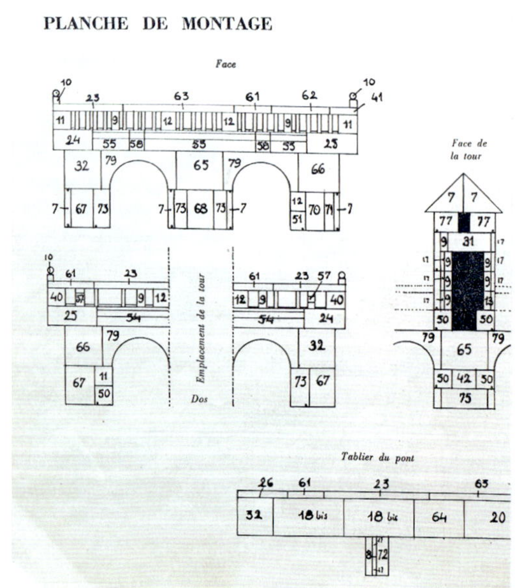

Die Baukastenreihe bestand aus den Kästen „Baby – 0–A“ sowie aus diesem, dem größten Baukasten „A1“ mit 560 Bauteilen. Mit fast 100 verschiedenen Bausteintypen erfordert das Bauen höchste Konzentration und ein genaues Studium der schwer verständlichen Bauanleitungen. Das Bauprinzip ist für die vorgegebene Modelle ausgelegt und erlaubt wenig Eigenkonstruktionen.

Hersteller: GILMAU, Dornecy (Nievre), Frankreich, nach 1945
Baukasten: 51 × 35,5 × 4 cm, kaschierte Kartonschachtel, aufgeklebter farbiger Druck, Kartonfacheinteilung
Bausteine: gefräste Buchenholzsteine, rot gefärbte Dachelemente, Fenster und Tür aus gefärbtem Nadelholz, mit ausgestanzten Kartonsprossen und Klarsichtfolie hinterlegt, Nut-Feder-System
Beilagen: 36-seitiges Anleitungsheft mit Modellvorlagen und Bauplänen, 8 Seiten nummerierte Teileliste, je 27 × 21 cm

Spranger Baukästen No. 1 | 1a | 2a | 3 | 3a

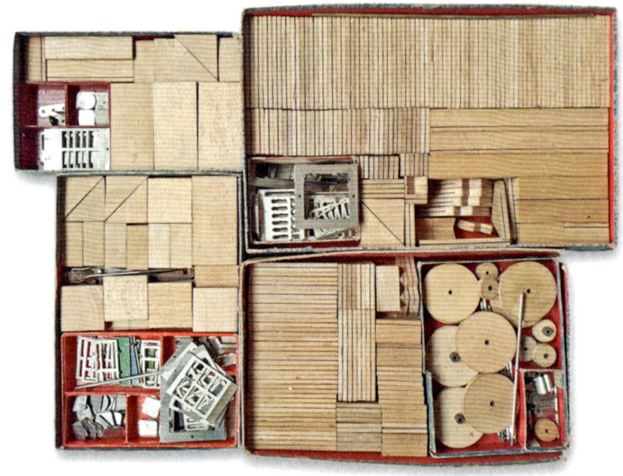

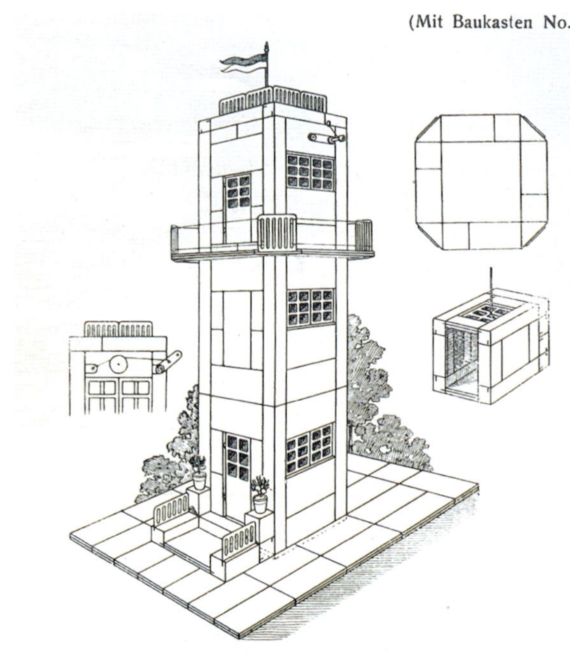

Auszug aus einer Werbeanzeige: „Der Spranger-Baukasten nimmt infolge seiner Vielseitigkeit und Vollkommenheit sowie der großen Festigkeit der damit hergestellten Bauten eine Sonderstellung ein, die ihn bei Kindern und Erwachsenen schnell beliebt gemacht hat." Das System mit teils beweglichen Teilen war recht weit verbreitet und hielt sich über viele Jahrzehnte am Markt. Es gab vier Grund- und drei Ergänzungskästen.

Hersteller: C. Gustav Spranger Baukastenfabrik Klingenthal i. Sa. (1923–1955), um 1930
Baukästen: von No. 1: 21 × 16 × 3 cm bis No. 3a: 42 × 27 × 7 cm, starke Kartonschachteln, allseits mit gemustertem Papier kaschiert, Innenseiten mit rot lackiertem Papierbezug
Bausteine: ein System aus mittig genuteten Buchenhölzern, welche mittels Federn (Metallplättchen) oder Winkeln miteinander verbunden werden, Wellen, Fenster, Türen aus Metall
Beilagen: 88-seitiges Anleitungsheft, 22,5 × 14,5 cm, 2 Anleitungsbücher, 22,5 × 14,5 cm, 68-seitig, jeweils mit Bauteileliste aller Spranger-Baukästen

Blick von oben in den Aufzugsschacht des circa 60 Zentimeter hohen Aussichtsturms. Ein Fahrstuhl kann über Rollen nach oben gezogen werden.

Structator

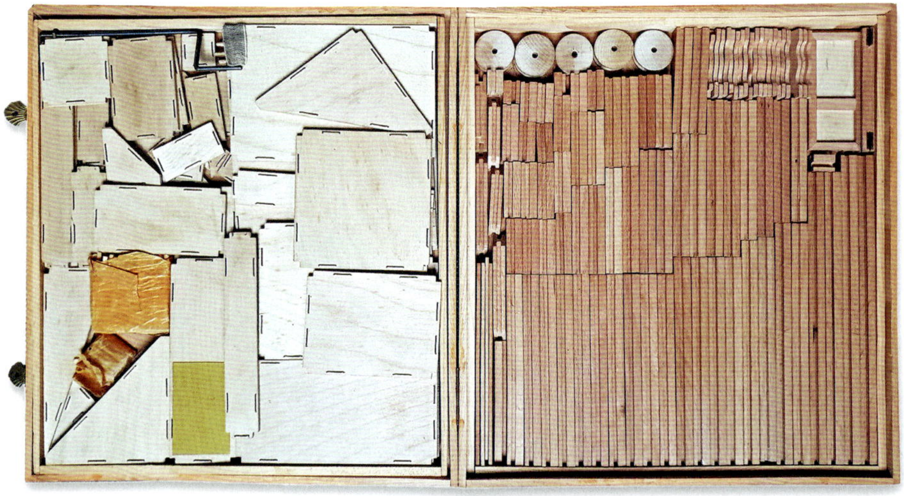

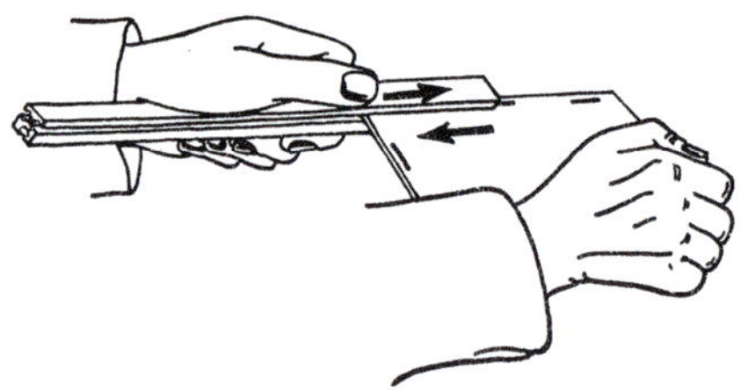

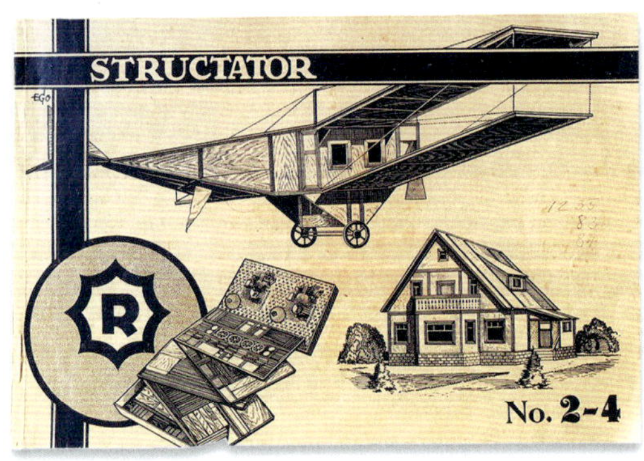

In den 1920er Jahren begegnete man im Zuge der Schulreform dem Defizit in der technischen Bildung mit der Neubegründung des Faches Werken. Technische Baukästen waren zum ersten Mal im Unterricht vertreten. Die Vorzüge des Structator wurden mit den Worten beworben: „Als mit ihm die benötigten Flächen für körperliche Gebilde lückenlos aufgefüllt werden können […], um nicht nur körperliche Konstruktionen zu gestalten, sondern diese auch beweglich zu machen."

Hersteller: Carl Riel GmbH, Renchen (1925–1935), 1930er Jahre
Baukasten: 33,5 × 31 × 3,5 cm, aufklappbarer Holzkasten mit Scharnieren und Verschlüssen, 2-lagig, Holzeinlage
Bausteine: geschliffenes Sperrholz, Hartholzteile, Metallkurbel; durch Einschieben der Bauplatten in die Bauleisten wird eine feste und doch leicht lösbare Verbindung hergestellt
Beilagen: Bauanleitungen, Pläne für Baukastengröße 00: 8-seitig | 0–1: 68-seitig | 2–4: 150-seitig, je 24 × 16 cm, 2-seitige Teileliste für alle Baukästengrößen, 23 × 32 cm

Modellbaukasten Simplus III

Ein Beipackzettel des Kastens wies auf die Nachkriegs-Notzeit hin: „Bitte an den Baumeister: Holz und Eisen sind wertvolle Rohstoffe, die zur Zeit sparsam verwendet werden müssen. Es kann daher mal vorkommen, daß ein Bauholz oder ein Plättchen nicht ganz glatt ist." Dies ist sehr wohlwollend formuliert. Tatsächlich sind die Nuten so schmal, dass die Stahlrhomben, auch mit großer Kraftanstrengung, nicht in die Nuten passen. Die Fenster und Türen aus dünner, ausgestanzter und mit Folie beklebter Pappe werden zur Verankerung in die schmalen Fugen der Bauhölzer eingeschoben. Es waren wohl mindestens vier Baukastengrößen erhältlich.

Hersteller: Siegfried Lein & Co. Holz- und Spielwarenfabrikation, Berlin, 1948
Baukasten: 32 × 33 × 6 cm, schwerer Baukasten aus starker Graupappe, gefärbt, 2-farbiges Deckelbild
Bausteine: Buchenholzteile, natur, Fenster und Türen aus Pappe und Folie, Stahlrhomben als Verbindungselemente, Nut-Feder-Prinzip
Beilagen: 4-seitige Anleitung, 8-seitige Bauanleitung mit Fotos und Grundrissen für 6 Modelle, je 15 × 21 cm

Zieba-Baukasten

In der Beilage heißt es: „Der Zieba-Baukasten besitzt über das rein Spielerische hinaus einen hohen Bildungswert [...] ein wertvolles Unterrichtsmittel, mit dem der Lehrer seinen Schülern die Grundgesetzte des Bauens anschaulich macht [...], um seine Bauideen maßstabsgerecht zu verwirklichen." Die Holzleisten werden schuppenförmig übereinandergesteckt und verklemmt. Dadurch soll eine hohe Stabilität erreicht werden. Das Verklemmen der ungenau gearbeiteten Leisten funktioniert aber nur äußerst schwer und weckte wohl schon damals keine Bauleidenschaft.

Hersteller: Bruno Werner Holzbearbeitung KG, Enger i. W., ca. 1930er Jahre
Baukasten: 26 × 41 × 7 cm, Holzkasten mit Schiebedeckel, Facheinteilung
Bausteine: dünne Holzleisten verschiedener Breite, teilweise rot und dunkelbraun gebeizt, Steckklötze, Holzhammer, Nut-Feder-Prinzip
Beilagen: 16-seitiges Anleitungsheft, 21 × 15 cm, 1 Blatt Baubeispiele, evtl. Original-Werbung

Spiess Modell-Lehrbaukasten

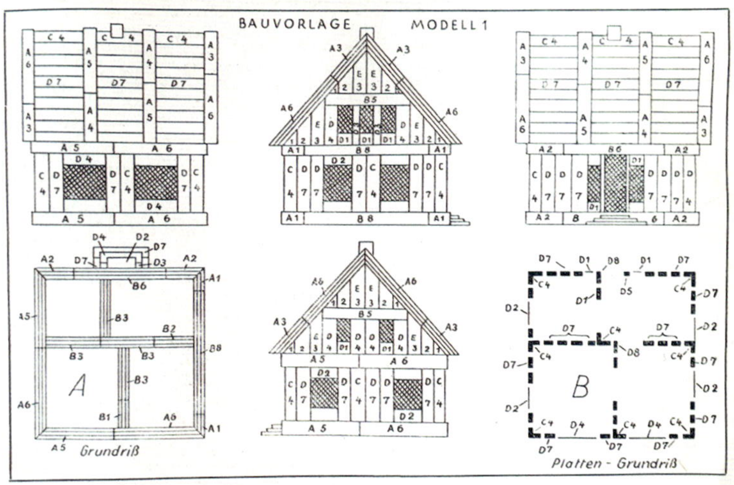

Auch bei diesem Baukasten sind die Bauteile so mangelhaft verarbeitet, dass leider kein Richtfest gefeiert werden konnte.

Hersteller: Bruno Werner Holzbearbeitung KG, Enger i. W., evtl. 1930er Jahre
Baukasten: 34,5 × 23 × 3 cm, einfache Kartonschachtel, Deckel mit braunem Papier kaschiert
Bausteine: Buchenholzstäbe und -leisten, Nut-Feder-Prinzip
Beilagen: 4-seitige Baubeschreibung und Bauvorlage für ein Haus, 19 × 13 cm

Schroth-Baukasten

In der Anleitung heißt es: „Um unseren Kindern eine Anregung zum selbstständigen Denken und Handeln, vor allem aber ein Lehr- und Lernmittel in die Hand zu geben, das den Blick und das Gefühl für Maße, Flächen, Körper usw. weckt und fortentwickelt", und weiter: „Infolge Papierknappheit ist es uns nicht möglich, für alle Möglichkeiten, die sich aus dem Schroth-Lehrbaukasten ergeben, Bauvorlagen drucken zu lassen."

Hersteller: Arno Schroth, Pößneck, 1950er Jahre
Baukasten: 34,5 × 28 × 6 cm, Nadelholzkasten mit Schiebedeckel aus starkem Karton, aufgeklebter Druck
Bausteine: 287 Bauelemente in 20 verschiedenen Längen, schmale Holzleisten
Beilage: 4-seitige Bauanleitung, 21 × 30 cm

Mentor Universal-Baukasten

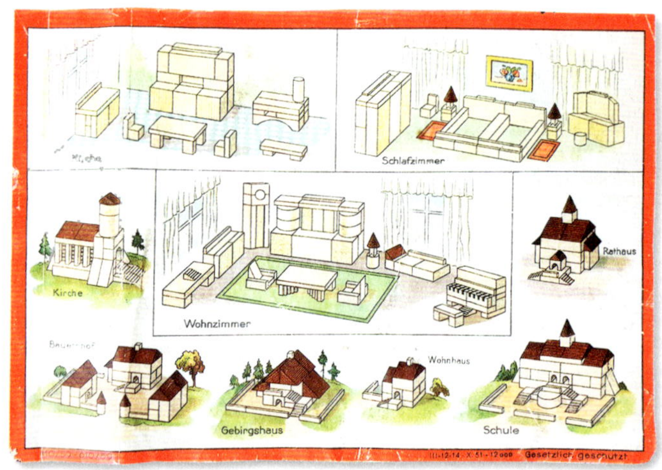

Der Mentor Universal-Baukasten lässt der Fantasie freien Lauf. Für größere Modelle benötigt man auch hier eine ruhige Hand, da die leichten Bausteine nur übereinandergestapelt werden.

Hersteller: Hugo Fritzsche KG Mentor-Baukastenfabrik, Crimderode (1941–1955), 1955
Baukasten: 22 × 14,5 × 4 cm, Kartonschachtel, blau kaschierter Deckel mit aufgeklebtem Druck
Bausteine: kleine Buchenholzsteine, natur, teils braun gebeizt
Beilagen: 1 Blatt Baubeispiele, 19 × 13 cm

Pewesti Häuserbaukasten

Haus mit Garage Grundriß siehe Rückseite

Winzige Holzplättchen, die in die Nuten der Holzsteine gesteckt werden, verbinden die Bauteile. Dies erfordert oft einiges an Kraft, aber die Bauteile sind präzise gearbeitet und haben auch noch nach Jahren eine hohe Passgenauigkeit.

Hersteller: PEWESTI Phil. Eichhorns Wwe. KG Holz- und Spielwarenfabrik Steinach, Thüringen, um 1955
Baukasten: 29,5 × 19,5 × 8 cm, stabiler Buchenholzkasten, Schiebedeckel aus starkem Karton, aufgeklebter Deckeldruck
Bausteine: ca. 270 Bauteile und 340 Verbindungsteile aus Buchenholz, teils gefräst, gefärbt, lackiert, Türen zum Öffnen, Nut-Feder-Prinzip
Beilagen: 5 Blatt farbige Baubeispiele, 21 × 15 cm, mit rückseitigem Grundrissplan

Pewesti Großplatten-Bauten

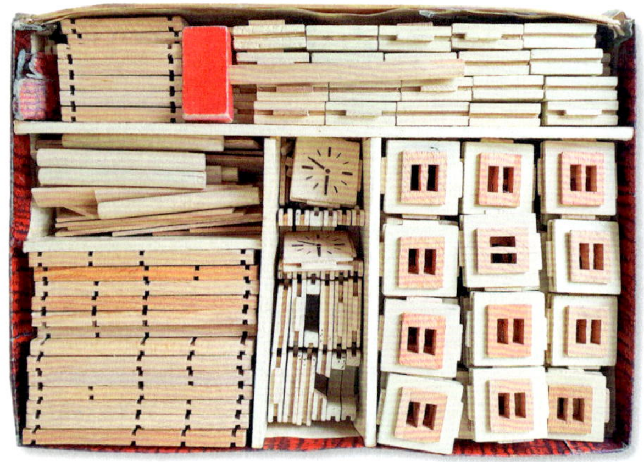

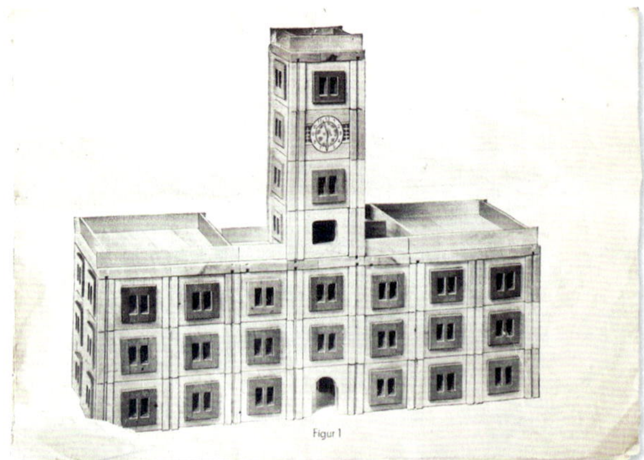

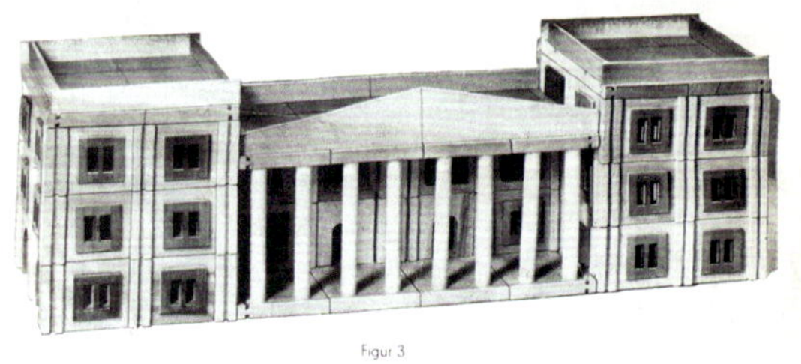

Die Fertigbauweise der Wohnblöcke war das Vorbild für manche Baukastentypen, vornehmlich aus der DDR. Die architektonische Formgebung ahmte die Bauten des Sozialismus nach, wie auf dem Deckelbild dieses Baukastens zu sehen. Der Baukasten und die Bauteile mit ihrem Nut-Feder-Prinzip sind hochwertig verarbeitet. Damaliger Preis: 21,90 DM.

Hersteller: PEWESTI Phil. Eichhorns Wwe. KG Holz- und Spielwarenfabrik Steinach (1872–1964), ab 1957 KG mit staatlicher Beteiligung, um 1960
Baukasten: 34 × 25 × 6 cm, Kartonschachtel, Deckel mit geprägtem Papier kaschiert, Deckeldruck
Bausteine: diverse Hartholzleisten und -stäbe, ausgesägte Fenster, teilweise gefärbt, bedruckt, Holzhämmerchen, Nut-Feder-Prinzip
Beilagen: 8-seitiges Anleitungsheft mit 4 Baubeispielen

Wir bauen auf! Mentor-Baukasten für Grossbauten

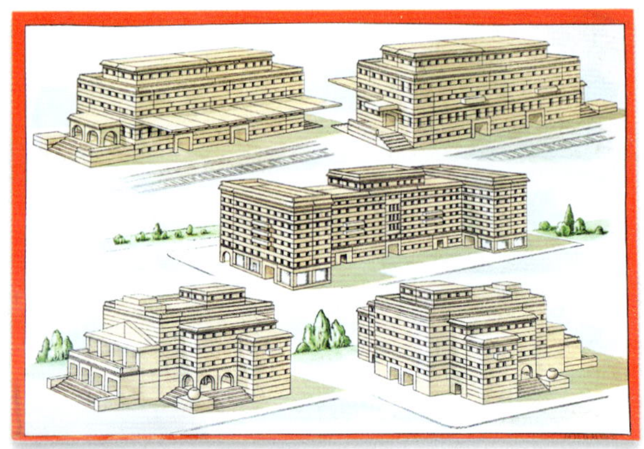

Die Firma Hugo Fritzsche gab Häuser-, Dorf- und Städtebaukästen sowie diesen Holzbaukasten für Großbauten heraus. Er hatte den zeitgerechten Wahlspruch „Wir bauen auf!“ und stellte die Architektur im Stil des Sozialistischen Klassizismus dar, ähnlich den Großbauten der Stalinallee in Berlin.

Die kleinen Holzleisten werden lediglich übereinandergestapelt. Sie sind so leicht, dass sich ein stabiles Bauwerk kaum errichten lässt. Es ist allerdings erstaunlich, wie mit wenigen gleichförmigen Elementen die Bauten eines bestimmten Architekturstils prägnant nachgeahmt werden können – was auch dieser 28 Zentimeter lange Wohnblock zeigt.

Hersteller: Hugo Fritzsche KG, Mentor Baukastenfabrik Crimderode (1941–1955), 1955–1960
Baukasten: 30,5 × 21 × 5,5 cm, Kartonschachtel, allseits kaschiert
Bausteine: ca. 300 Buchenholzteile, überwiegend schmale Leisten
Beilagen: 2 Blatt Bauvorlagen mit 5 Beispielen, 23 × 16 cm, Grundrissplan der Bauten, 29 × 21 cm

Mobaco B | B–C | C–D | D–E

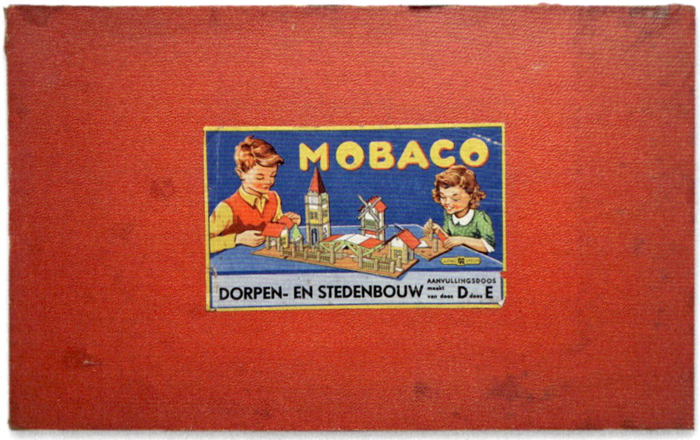

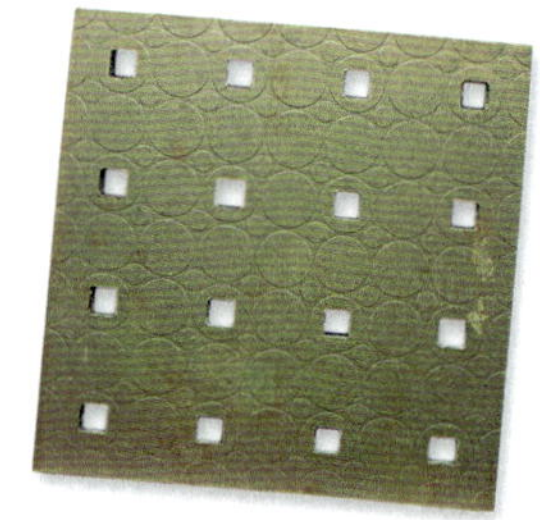

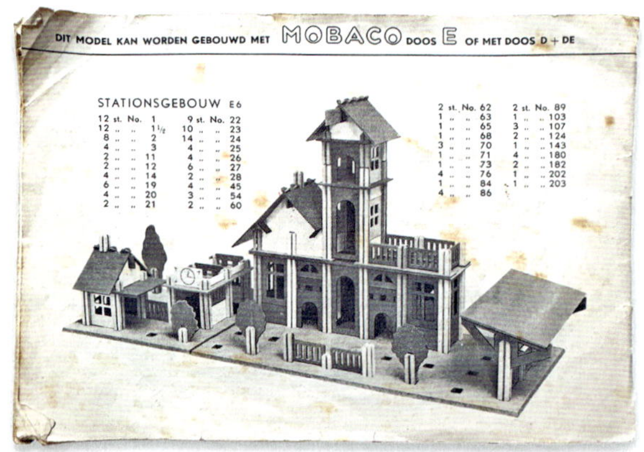

Das Mobaco-System besteht aus quadratischen Holzsäulen unterschiedlicher Länge, die in dicke Trägerplatten eingesteckt werden. In die Säulen werden anschließend Kartonplatten geschoben, teils mit Fenster- oder Türausschnitten. Die strukturelle Steifigkeit wird durch horizontale Kartonstreifen und Bodenplatten erreicht. Moubal, wie das Unternehmen allgemein genannt wurde, war hauptsächlich ein Hersteller von Blechprodukten. Mit der ursprünglichen Baukastenreihe – der größte Kasten hatte über 1100 Teile – konnten aufwendige Modelle mit dem Charme des 19. Jahrhunderts gebaut werden. Ab 1949 übernahm das Spielzeugunternehmen Jumbo den Vertrieb und das Marketing und machte die Baukastenserie zu einem erfolgreichen Massenmarktprodukt. Mit dem Aufkommen von Lego ließ das Interesse an diesen Kästen nach. Mobaco wurde zuletzt im Jumbo-Katalog von 1961/1962 vorgestellt. In den Niederlanden gibt es bis heute eine große Fangemeinde dieser Baukästen, die fantasievolle Bauwerke aus selbst hergestellten Bauteilen konstruiert.

Hersteller: N. V. Plaatmetaalindustrie van Mouwerik en Bal, Zeist, Niederlande (1924–1962), Vertrieb durch Jumbo ab 1949, Hausemann & Höfte N. V., Amsterdam, 1950er Jahre
Baukästen: von 28,5 × 23 cm bis 45 × 28 × 4 cm, Pappschachteln, rot kaschierter Deckel mit aufgeklebtem Druck, Holztrennwände
Bausteine: genutete Holzstäbe, starker Karton, Faserplatten
Beilagen: 18-seitiges Modellheft für alle Kästen der Serie, 20 × 13,5 cm, Schwarzweiß-Fotos der Modelle

ELBA Bouwdoos

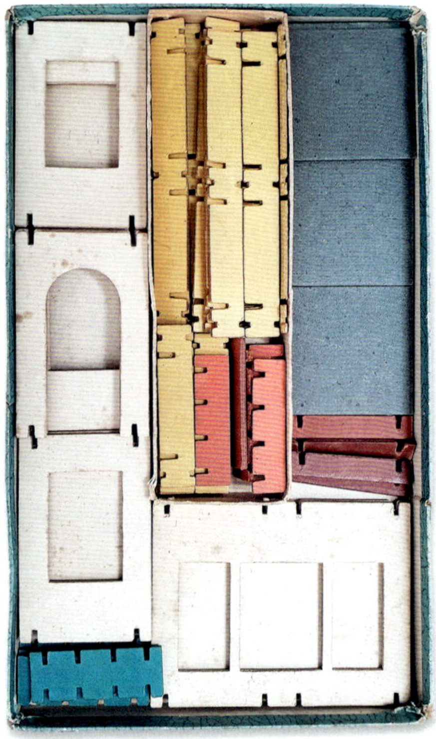

ELBA war ein weiteres Bausystem, das von van Mouwerik & Bal, den Herstellern von Mobaco, hergestellt und vertrieben wurde. Dieses Low-Budget-System verzichtete auf die Holzsäulen und dicken Bodenplatten der Mobaco-Baukästen. Die Baukästen beinhalteten nur 13 verschiedene Teilesorten, alle aus Pappe, die es ermöglichen sollten, moderner aussehende Gebäude zu erstellen. Es gab zwei ELBA-Sets (A und B) in jeweils mehreren Versionen. Das nebenstehende Modell wurde mit Set B erstellt.
Die vorzeitige Einführung der Sets zu Beginn des Krieges führte nur zu mäßigem Erfolg. Gebrauchte Sets sind heute sehr selten.

Hersteller: N. V. Plaatsmetaalindustrie van Mouwerik & Bal, Zeist, Niederlande, 1940er Jahre
Baukasten: 17,5 × 29,5 × 2,3 cm, Kartonschachtel, allseits kaschiert
Bausteine: stabiler Karton, gefärbt, zum Ineinanderstecken
Beilagen: 12-seitige Anleitung mit Fotos von Baumodellen in niederländischer Sprache

Payer Architektonischer Modellbau

Der Baukasten nennt im Titel „Payer“. Damit ist der Architekt Oskar Payer (1903–1973) gemeint, der sich nach dem Zweiten Weltkrieg vor allem für den sozialen Wohnbau und eine Verbesserung der Wohnverhältnisse in Österreich einsetzte. So formulierte er das „Sofortwohnprogramm“ der Stadt Wien mit und plante in den 1960er Jahren mit seinem Sohn Tausende Wohnungen, speziell „Montage-Wohnungen“, gemäß internationalen Vorbildern in Plattenbauweise.
Das „pädagogische Spielzeug“, wie der Baukasten sich bezeichnet, verlangt vom Erbauer große Disziplin, müssen doch alle Bauteile mit sorgsam ausgeschnittenen, bedruckten Papierstreifen umwickelt werden, um ein Stockwerk darzustellen. Es ergeben sich aber eine Vielzahl von Kombinationsmöglichkeiten, ganz im Sinne von Oskar Payers serieller Fertigung, die nicht auf geschlossene Typisierung der Häuser setzte, sondern auf Standardisierungen, die eine Diversifizierung von Wohnungstypen zuließen.

Hersteller: Payer, Wien, ca. 1960er Jahre
Baukasten: 36 × 24 × 5 cm, Kartonschachtel, allseits bedruckt
Bausteine: Nadelholzquader, umwickelt mit ausgeschnittenen, bedruckten Papierstreifen, Dächer rot gefärbt
Beilagen: Lose Blätter für Baubeispiele, Teiledarstellung, Grundrisse der Wohnhaustypen, Modellübersicht, je 29 × 21 cm, Anleitung, 20,5 × 15 cm, Reste von Modellbögen zum Ausschneiden

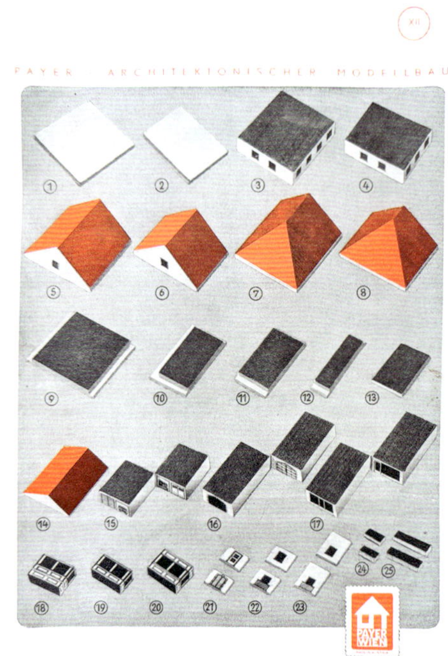

Enderle Baukasten 1 | 2 | 3

Über den Hersteller dieser Baukästen gibt es keine Informationen. Auf dem Deckelmotiv und in der Anleitung wird allerdings die „Laichinger Wertarbeit“ hervorgehoben – ein viel genutzter Werbeslogan, allerdings für Stoffe und Webtechniken, denn Laichingen gilt als die Leinweberstadt auf der Schwäbischen Alb.
Alle drei Kästen ergänzen sich zum „Erwachsenenbaukasten“, wie ihn die Anleitung nennt. Damit können auch komplizierte Bauten erstellt werden, wie das aufgebaute Modell zeigt. Hier wird aber auch die Grenze des Stapelbaren erreicht.

Hersteller: unbekannt, Laichingen, wohl 1950er–1960er Jahre
Baukästen: 3 Buchenholzkästen, je 20 × 14 × 5 cm, Schiebedeckel mit zweifarbigen Drucken
Bausteine: insgesamt 240 Buchenholzteile, 2-lagig
Beilagen: jeder Kasten mit 8-seitigen Leporello-Bauvorlagen, 2-seitiger Sortierplan, je 17,5 × 12 cm

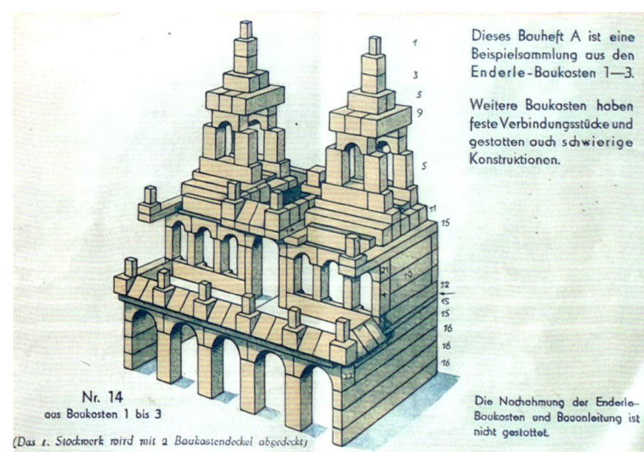

Holzbaukasten nach einem Original von 1900

Die Renate Gerbitz GmbH brachte bis 1996 Reproduktionen alter Holzbaukästen heraus, wurde aber durch ihre Steinbaukästen bekannt, bei denen kleine Ziegelsteinchen mit Mörtel vermauert wurden. Dieser Baukasten ist ein stark vergrößerter und vereinfachter Nachbau des Orient-Baukastens der Firma S.F. Fischer, welcher von ca. 1900 bis 1926/27 hergestellt wurde. Mit dem filigranen, farbig gestalteten Original konnten unterschiedliche Moscheentypen gebaut werden. Das ist bei diesem Nachbau nicht mehr möglich. Dafür lässt sich die wohlproportionierte Formgebung einer Moschee deutlicher erkennen. Es gab auch eine kleinere Ausführung dieses Baukastens.

Hersteller: Renate Gerbitz GmbH, Obernburg a. Main (1985–2006), 1988
Baukasten: 43 × 38 × 6 cm, massiver Nadelholzkasten mit Schiebedeckel, aufgeklebter Schwarzweiß-Deckeldruck
Bausteine: 75 Buchenholzteile, natur
Beilagen: keine

Tábor

Hersteller: Arnold Novak, Trstenice, Tschechien, ca. 2000er Jahre
Baukasten: 30 × 20 × 3,5 cm, Kartonschachtel, Boden-Seitenteile mit roter Leinenstruktur kaschiert, Deckeldruck
Bausteine: sauber verarbeitetes Nadelholz, teils farbig gebeizt, gedrechselt
Beilage: 2-seitige Bauanleitung, 30 × 21 cm

Dom zu Speyer

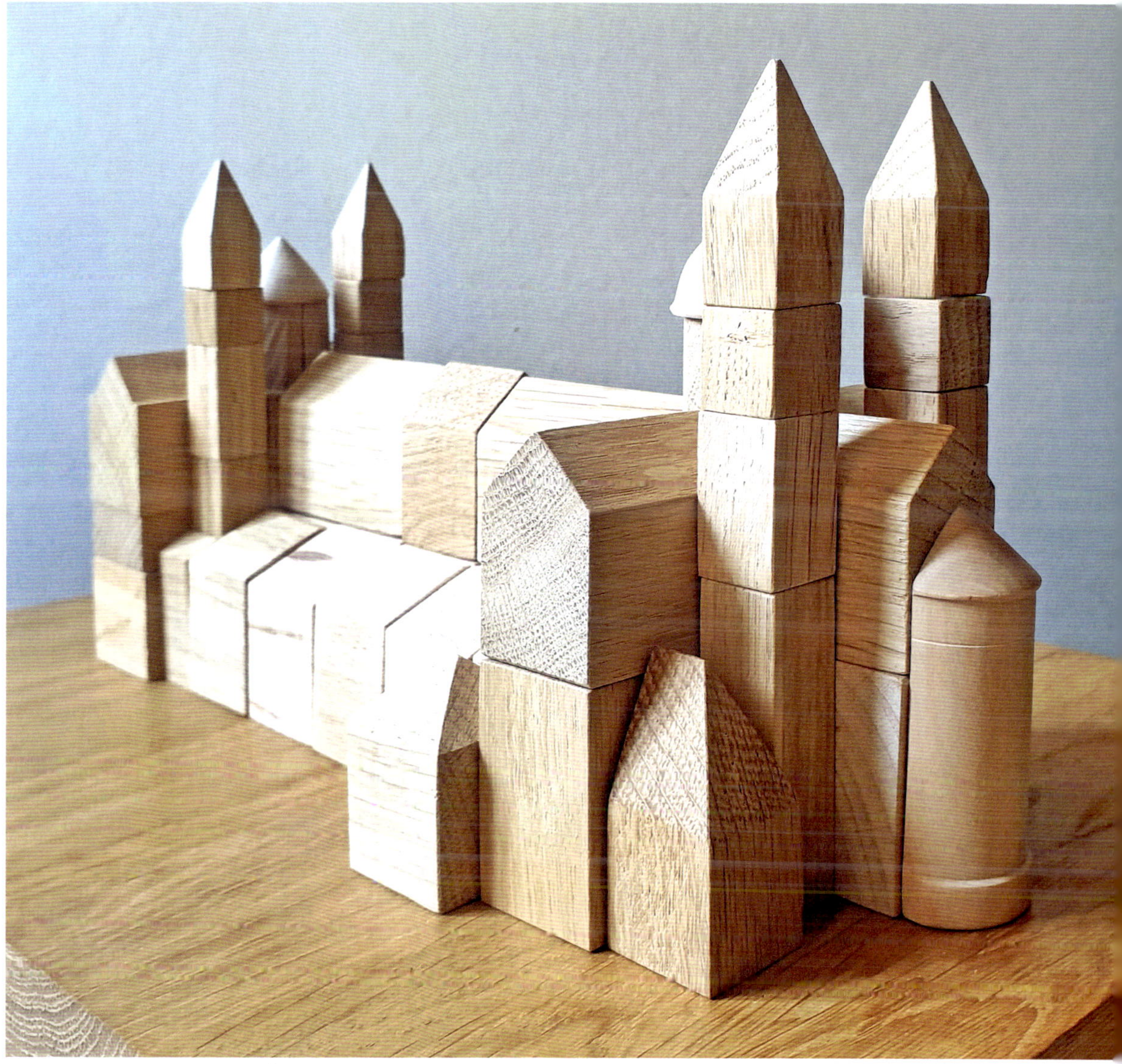

Hersteller: Dipl. Ing. Architekt Hermann Steinel, Mingolsheim, ca. 2000er Jahre
Baukasten: 13 × 16 × 17 cm, leinenbezogene Kartonschachtel, bedruckter Deckel
Bausteine: 66 fein gearbeitete Buchenholzsteine, natur
Beilagen: 2-seitige Bauanleitung, 16 × 14 cm

Die Wartburg

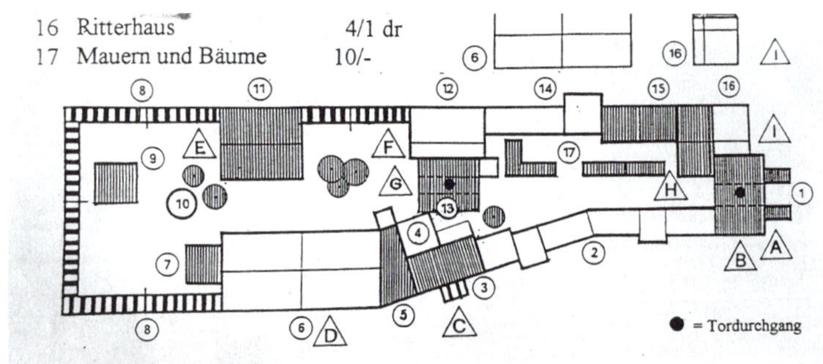

Nach dem Ende der Blumenauer Baukastenherstellung 1993 wurde diese 1995 durch Vater und Sohn Ebert im Gebäude der ehemaligen Firma Louis Engel & Co. wieder aufgenommen. Die Firma produziert noch heute Holzspielwaren.

Hersteller: Erzgebirgische Holzspielwaren Ebert GmbH, Blumenau (seit 1995), ca. 2000er Jahre
Baukasten: 33,5 × 31,5 × 4 cm, Buchenholzkasten mit Schubdeckel
Bausteine: 98 Buchenholzsteine
Beilagen: 4 zusammengeheftete Blätter mit Informationen über Burg, Stadt und Ritter, Bauanleitung, je 21 × 29 cm

Das Modell der Burganlage
ist cica 50 cm lang.

Le Basiliche

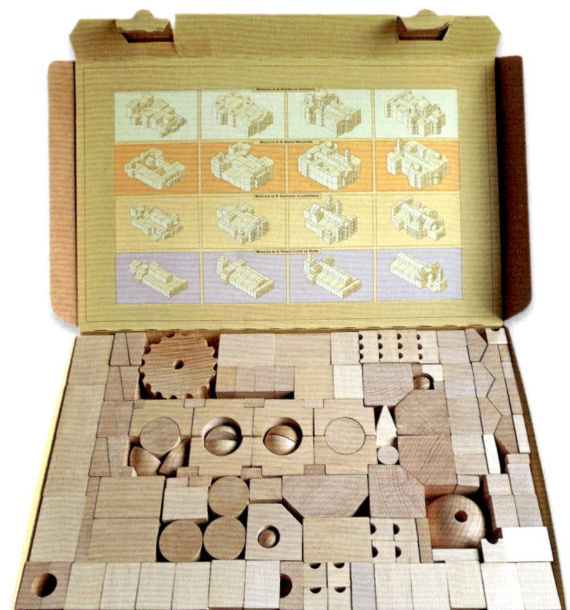

Die gebauten Werke bestechen durch ihre reduzierte Formgebung, die den typischen architektonischen Charakter der Basiliken betont. Leider macht die einfache, leichte Kartonschachtel einen minderwertigen Eindruck – im Gegensatz zu den kleinen, fein geschnittenen und gefrästen Bausteinen.

Hersteller: Ataris, spol. s r.o., Ostrava, Tschechien, 1991
Baukasten: 34,5 × 22 × 3,5 cm, Kartonschachtel mit Klappdeckel, Laschenverschluss, allseits bedruckt, Baubeispiele auf der Innenseite des Deckels, farbiges Schema einer Basilika auf dem Schachtelboden
Bausteine: 200 Hartholzsteine, natur
Beilagen: Blatt mit 4 Basiliken-Bauplänen, 26 × 18 cm, 16-seitiges Heft mit Beschreibung der Basiliken in 7 Sprachen

Lincoln Memorial

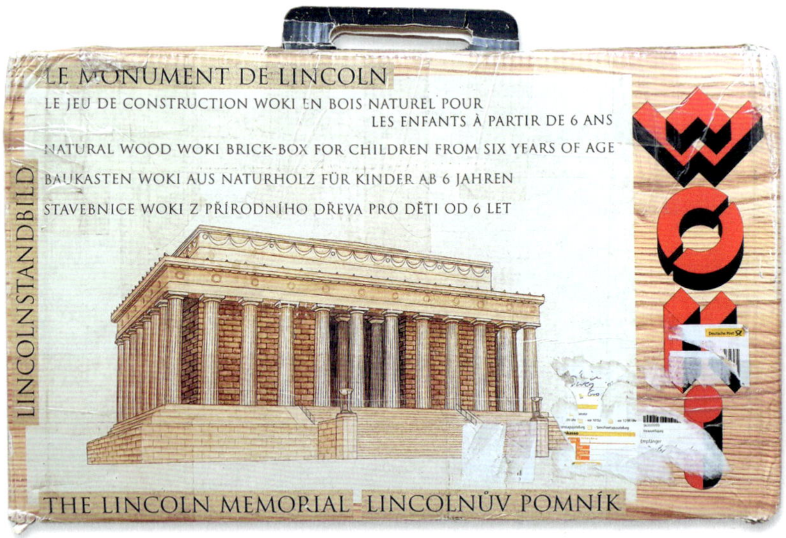

Ein System aus Bausteinen, Leisten, Platten und Säulen, das recht einfach aufzubauen ist. Allerdings verlangt das Einfügen der Säulen mittels kleiner Stäbchen in Dach- und Bodenplatten eine größere Fingerfertigkeit. Die Modelle unterscheiden sich auch durch die stattlichen Maße von anderen Holzmodellen der Sammlung. Die Bausätze wurden in Deutschland von SICOGO vertrieben. Über diese Firma, als auch über den Hersteller WOKI, ergab die Recherche keine weiteren Ergebnisse.
Da auf der Verpackungsseite ein EAN-Strichcode zu finden ist, sollte der Kasten frühestens in den späten 1970er Jahren hergestellt worden sein. Neben diesem Bausatz gab es noch die „Pyramide", das „Ischtar-Tor", den „Leuchtturm von Alexandria", die „Akropolis" und den „Arc de Triomphe".

Hersteller: WOKI LTD, Tlumacov, Tschechien, ca. 1980er/1990er Jahre
Baukasten: 58 × 35 × 13 cm, großer aufklappbarer Karton aus bedruckter Wellpappe, Tragegriff
Bausteine: gefräste Buchenholzsteine und Hohlzylinder
Beilagen: 2-seitige Bauanleitung, 30 × 42 cm

Frank Lloyd Wright – Prairie Style

Frank Lloyd Wright war ein US-amerikanischer Architekt, Schriftsteller und Kunsthändler. Er wurde berühmt für seine Gestaltungsphilosophie, die eine Harmonie von Mensch und Natur anstrebte und die er selbst zur organischen Architektur zählte. Zu seinen Meisterwerken gehören die Präriehäuser und das Guggenheim Museum, New York City.
Der Bausatz wurde entworfen, um mehrere unterschiedliche Gebäude Wright's im Prairie-Style bauen zu können – nach eigener Recherche oder Fantasie.

Hersteller: Bower Studios Corporation, Vergenes, Vermont, USA, 2000er Jahre
Baukasten: 32,5 × 9 × 7,5 cm, Buchenholzkasten mit aufgelegtem Deckel, der gleichzeitig als Dach des Gebäudes dient
Bausteine: 68 Buchenholzsteine, natur
Beilage: 2-seitiges Informationsblatt über Frank Lloyd Wright und sein Gebäude, 17 × 28 cm, gefaltet

Dieses Modell ist wohl am ehesten mit dem *Robie House* zu vergleichen, welches Frank Lloyd Wright 1908 als eines seiner letzten Prairiehäuser in Chicago vollendete.

Satellite City

Satelitte City ist eigentlich kein *richtiger* Baukasten, denn viele Bauteile müssen zunächst zurechtgesägt und dann verklebt werden, um eine Stadt im Weltall bauen zu können. Das außergewöhnliche Bauspiel beinhaltet verschieden gedrechselte Säulen und kleine Holzteile, die teilweise als Verbindung dienen sollen. Es ist schon eine Skurrilität, dass gerade in einer Zeit, als Plastikbaukästen großen Zuspruch fanden, ein Science-Fiction-Thema in Holz produziert wurde.

Hersteller: Saunders Brothers, Dowels and Wood Products, USA, 1966
Baukasten: 38,5 × 23,5 × 7,5 cm, Kartonschachtel, Deckel allseits bedruckt
Bausteine: hauptsächlich gedrechseltes Hartholz, natur, farbig lackiert
Beilagen: 4-seitiges Anleitungsheft mit Baubeispielen, bedruckte Aufbauvorlage, 37 × 37 cm, starker Karton, gefaltet

SPRANGER
D.R. PATENTE
BAUKASTEN

Roschi
Der neuartig illustri
PLAN-BAUKAST

MODELLBAUKASTEN
SIMPLUS

PLASTIC—CITY
SE CONSTRUYE APILANDO
EL JUGUETE IDEAL
POR SU SENCILLEZ
PROPI
PARA TODA
LAS EDADE
Hecho de plástico irrompib
Con PLASTIC—CITY pueden construirse infini
de edificios, torres, rascacielos, estaciones
ferrocarriles, garages, granjas, pueblos,

BAYKO
BUILDING SET
REGISTERED TRADE MARK
A Fascinating pastime for all ages
COPYRIGHT
MANUFACTURED BY PLIMPTON ENGINEERING Co. Ltd. LIVERPOOL 3 ENGLAND
MADE IN ENGLAND . PATENT No. 422645 . FOREIGN PATENTS PENDING
IN ENGLAND
PLIMPTON ENGINEERING Co. Ltd. LIVERPO

Baukasten
THURING
Boite de construction
Building-boxes.
Caja para construir

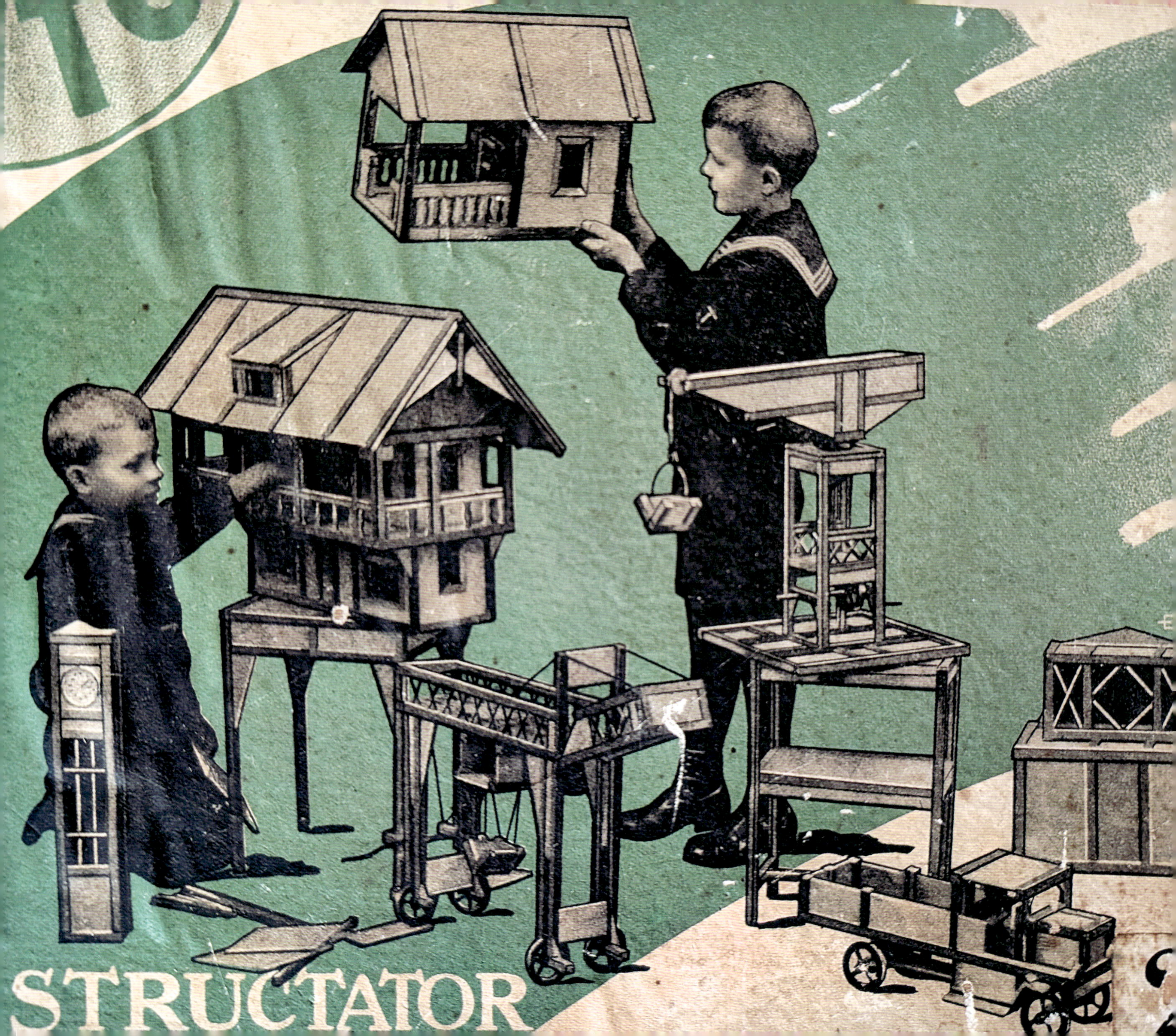
STRUCTATOR

JEU DE CONSTRUCTIONS
LES BOIS DE MÉGÈVE

Stadtbaukästen

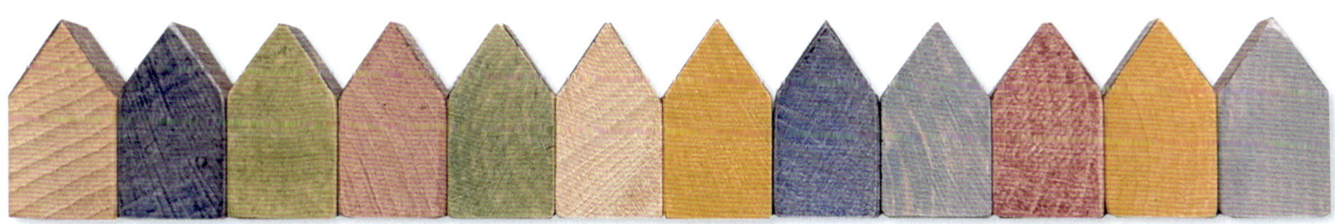

Die alte deutsche Stadt

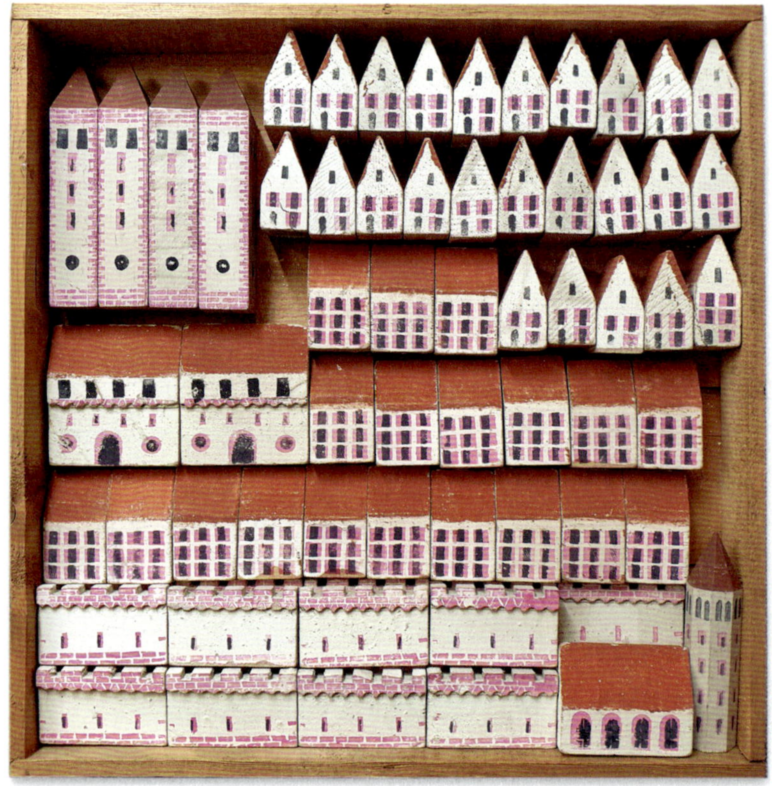

Die GmbH Deutsches Heimatwerk war ein nationalsozialistisch geprägtes Instrument, deren Vorreiter skandinavische Hausfleißvereinigungen waren. Sie existierte von 1933 bis 1945 als Gesellschaft des „Reichsnährstandes" zur Förderung von „Volkskunst" und „bäuerlicher Handwerkskultur". Sie vertrieb auch Einrichtungsgegenstände gehobenen Preisniveaus für Büros, Hotels und Privathaushalte. In Österreich und in der Schweiz gibt es bis heute gemeinnützige Heimatwerke.

Hersteller: Deutsches Heimatwerk, 1930er–1940er Jahre
Baukasten: 47 × 48 × 7,5 cm, Nadelholzkasten, Deckel aus genagelten Holzlatten, Deckeldruck auf sehr dünnem Papier
Bausteine: Nadelholz, farbig matt lackiert, bedruckt
Beilagen: keine

Auf einer Grundfläche von 40 × 40 Zentimetern bilden 70 Häuser, Stadtmauern und Türme (bis 15 Zentimetern hoch) eine typisierte, streng angelegte, wehrhafte Stadt.

Lübeck in der Schachtel

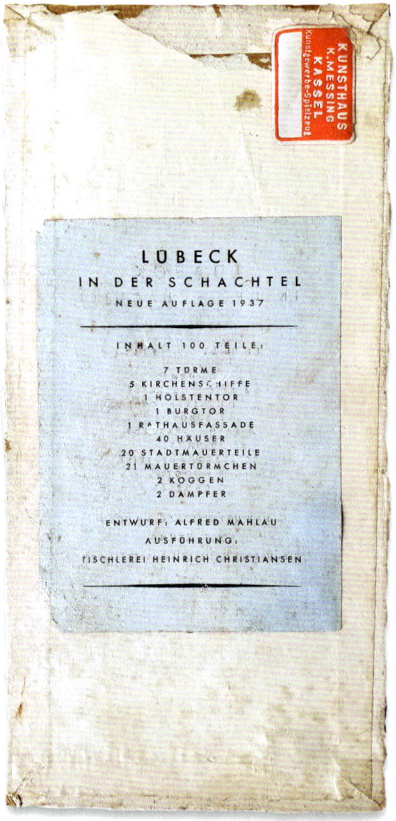

Der Entwurf stammt aus dem Jahre 1930 von Prof. Alfred Mahlau, Kunstschule Hamburg.

Hersteller: Tischlerei Heinrich Christiansen, Lübeck (1937–1951), 1. Auflage 1930/Neuauflage 1970
Baukasten: 10 × 19,5 cm, nur Kartonboden vorhanden, mit Inhaltsangabe und Kunstgewerbe-Etikett
Bausteine: 97 Hartholzteile, polychrom bemalt, gesägt, geschnitzt
Beilagen: nicht vorhanden

Münsterberg Schlesien

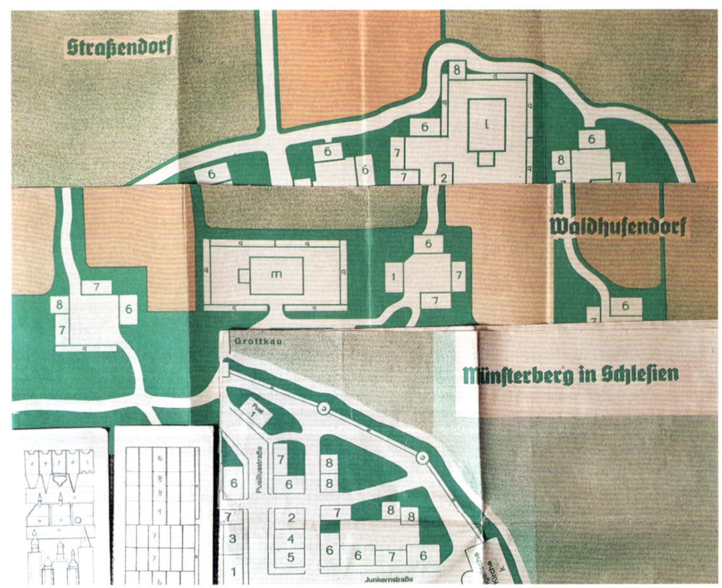

Hersteller: Volkskunst der Grafschaft Glatz; Vertrieb: Heimatmuseum Münsterberg, Entwurf: Jörg Hiller, Münsterberg, 1941
Baukasten: 26 × 17,5 × 7 cm, genagelte Holzbox mit aufgelegtem Deckel
Bausteine: 200 Hart- und Weichholzsteine, natur, partiell gefärbt
Beilagen: 4-seitige Erklärung der Ortstypen mit nationalsozialistisch behaftetem Vorwort von 1941, 21 × 29,7 cm, Sortierliste, 8 × 15,5 cm, 3 Aufbaupläne bis 80 × 59 cm, mehrfach gefaltet

Baderstraße
Brauerstraße

Nördlinger Truhe

Die Nördlinger Stadtmauer ist die einzige Stadtmauer Deutschlands mit einem vollständig erhaltenen, begehbaren und überdachten Wehrgang. Sie umschließt die komplette mittelalterliche Altstadt und ist auf einer Länge von 2,6 Kilometern durchgängig begehbar. Der Durchmesser des aufgebauten Modells beträgt circa 30 Zentimeter.

Hersteller: unbekannt, ca. 1950er–1980er Jahre
Baukasten: 20 × 13,5 × 5 cm, Kartonschachtel mit Klappdeckel, allseits dunkelrot kaschiert, Schwarzweiß-Deckeldruck
Bausteine: 91 Hartholzsteine, gefärbt, lackiert, bedruckt
Beilagen: keine

450 Jahre Annaberg Erz-Gebirge

Der kleine Baukasten ist eine Gedenkausgabe aus dem Jahr 1946 anlässlich des 450-jährigen Bestehens der Stadt Annaberg. Annaberg-Buchholz ist eine Kreisstadt im sächsischen Erzgebirge. Die Altstadt von Annaberg sowie einige der sie umgebenden historischen Bergbaulandschaften gehören seit 2019 zum UNESCO-Welterbe. Geprägt wird das Stadtbild durch die St. Annenkirche, eine der bedeutendsten spätgotischen Hallenkirchen Deutschlands.

Hersteller: unbekannt, 1946
Baukasten: 18 × 14 × 8 cm, stabiler Nadelholzkasten, bedruckter Schiebedeckel
Bausteine: 28 Hartholzteile, geschnitzt, gedrechselt, farbig lackiert
Beilagen: keine (ursprünglich soll eine Setzvorlage existiert haben)

The Old City of Jerusalem

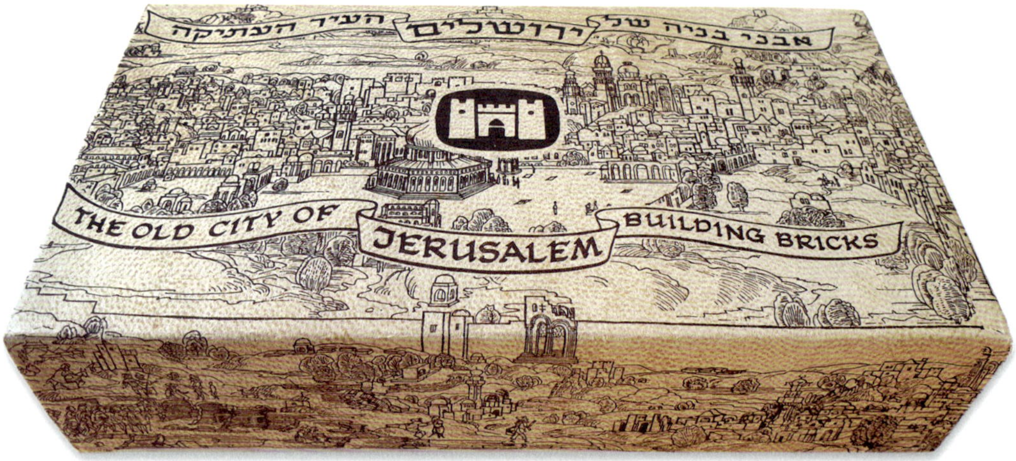

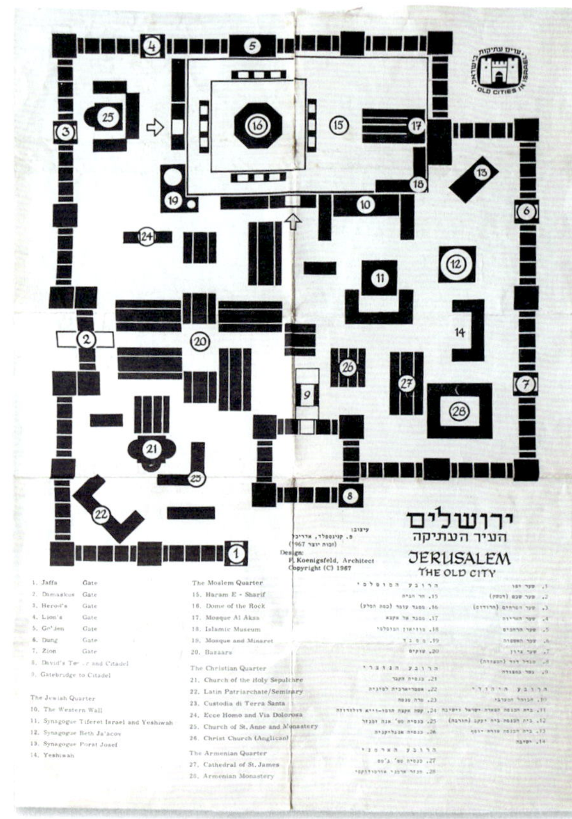

Die Schachtel ist sehr detailreich bedruckt. Der Lageplan benennt die wichtigsten Gebäude der Altstadt auf Englisch und Hebräisch.

Hersteller: unbekannt; Vertrieb: Spielzeugwaren Rosenfels, Jerusalem, 1970er Jahre
Baukasten: 22 × 12,5 × 5,5 cm, Kartonschachtel, allseits monochrom bedruckter Deckel
Bausteine: 105 Hartholzteile, natur, gefärbt, bedruckt
Beilage: Lage- und Setzplan der Altstadt, 34,5 × 50 cm, Schwarz-weiß-Abbildung des gebauten Modells, 11 × 20 cm

Das alte Luzern

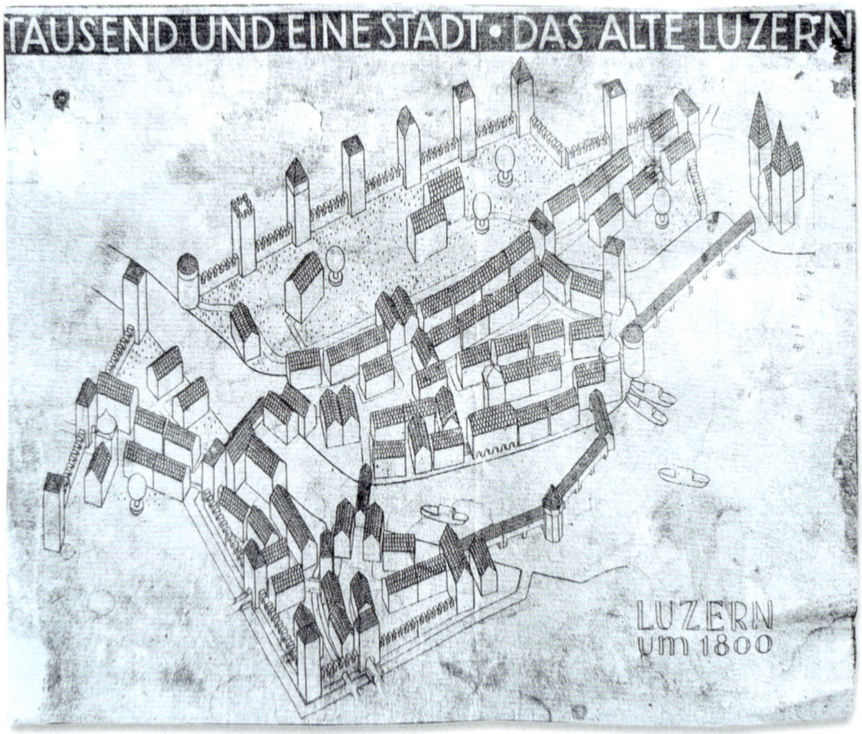

Auf dem Kastendeckel steht umlaufend die komplette Bezeichnung des Baukastens: „Tausend und eine Stadt – Das alte Luzern – Ein Baukasten für große und kleine Leute der Atlantis-Werkstätten für handwerkliche Kunst in Luzern." Auf den Baukastenseiten ist die Legende zum Baukasten aufgeführt: wissenswertes über die Geschichte der Stadt, ihre markanten Gebäude, wie Rathaus, Basler Tor und viele weitere Stadttore, Brücken und Plätze, außerdem noch mancher volkstümlicher Brauch und einige Anekdoten. „Stolz blickten die Luzerner auf ihre schmucke, turmbewehrte Stadt, wenn sie auf ihren gedeckten und zur Verteidigung mit Palisaden bewehrten Brücken promenierten."

Hersteller: Atlantis-Werkstätten für handwerkliche Kunst, Luzern, ca. 1960er Jahre
Baukasten: 23 × 18 × 8,5 cm, Sperrholzschachtel mit Schiebedeckel, aufgeklebte Drucke auf Kastenseiten, -deckel und -boden
Bausteine: 136 Bauteile, teils geprägt, farbig gebeizt
Beilagen: Stadtansicht, 19 × 16 cm

Hansestadt Stralsund

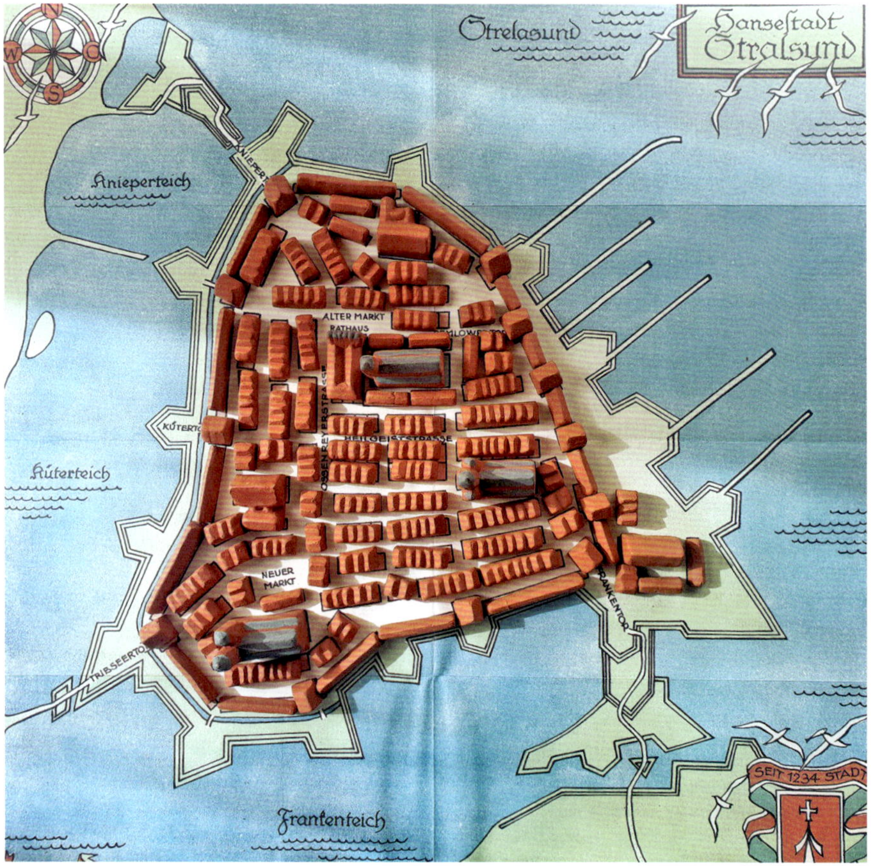

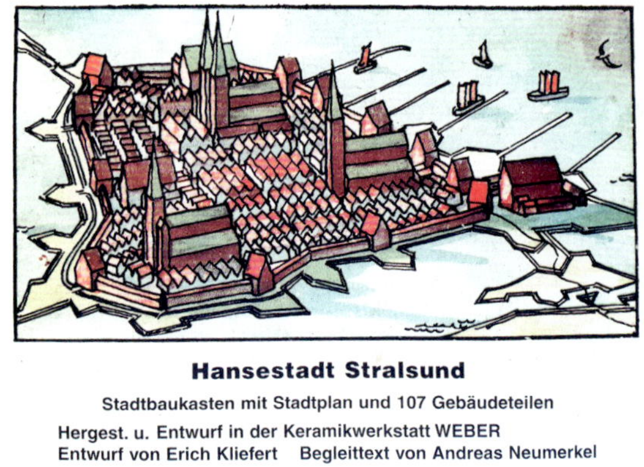

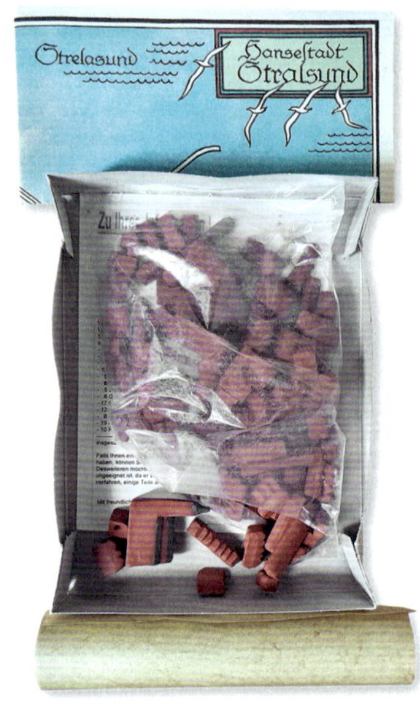

Das Modell basiert auf einem Stadtplan von 1647. Das Prinzip des Stadtbausatzes geht auf den Maler und Grafiker Erich Kiefer aus dem Jahre 1934 zurück. Ein großes und detaillierteres Keramikmodel der mittelalterlichen Hansestadt ist in der Welterbeausstellung Stralsund im Außenbereich zu sehen.

Hersteller: Werkstattgalerie Weber, Stralsund, 2000er Jahre
Baukasten: 24 × 18,5 × 4 cm, einfache Kartonschachtel aus Graupappe, Bausteine in Plastiktüte
Bausteine: 107 Steine, gebrannter roter Ton, teilweise bemalt
Beilagen: farbiger Stadtplan (Setzvorlage), 46 × 46 cm, gefaltet, aufgerolltes Blatt über die Stadtgeschichte, 21 × 48 cm, Inhaltsliste, 15 × 20 cm

Knieperteich

Zweifel’s Großes Dorf

Carl Zweifel entwarf neben den Schweizerbaukästen vier weitere Dorf- und Städtebaukästen, die sich gegenseitig ergänzen sollten.

Hersteller: Zweifel’s Schweizer Spielwaren, Carl Zweifel, Lenzburg, Schweiz (1915–ca. 1952), um 1920
Baukasten: 44 × 36 × 11 cm, dunkel gebeiztes Nadelholz, Schiebedeckel
Bausteine: große Bauklötze, 18 cm hohe Türme, Bäume, Brunnen, lackiert
Beilagen: keine

Die schöne deutsche Stadt

Schöner nostalgischer Stadtbaukasten aus den 1950er Jahren, als im Osten Deutschlands (Ostharz) noch weitgehend Mangel herrschte, etwa an gutem Karton. Einstiger Preis: 1,82 Mark.

Hersteller: Hugo Fritzsche KG, Mentor-Baukastenfabrik Crimderode (1941–1955), um 1950
Baukästen: 25,5 × 14 × 3 cm, Kartonschachtel, Deckel kaschiert, aufgeklebter Druck
Bausteine: Nadel- und Buchenholz, gefärbt, bedruckt
Beilagen: keine

Burgdorfer Baukasten

Die Produktion der Burgdorfer Baukastenfabrik wurde später von der Firma Juri weitergeführt.

Hersteller: Burgdorfer Baukastenfabrik W. Fritzsche, Burgdorf-Hann (1951–1969), 1960er Jahre
Baukasten: 18,5 × 13,5 × 3,5 cm, Kartonschachtel, allseits rot kaschiert, Holzfachunterteilung
Bausteine: 67 Hartholz-Bausteine, teilweise gefärbt, bedruckt, gedrechselt
Beilagen: keine

Baukasten „Der Vielseitige"

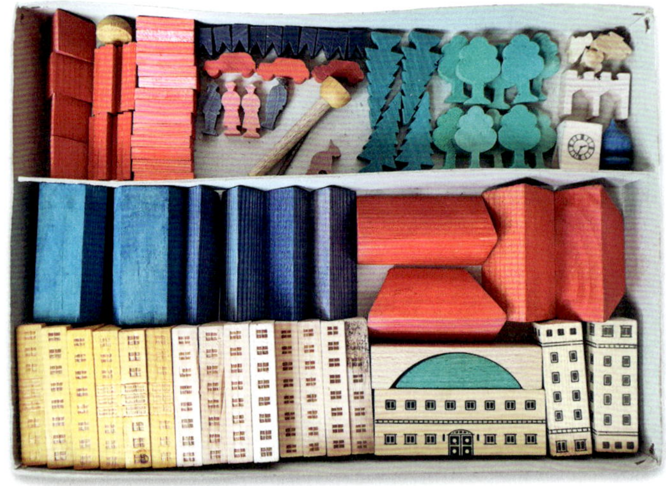

Ein Baukasten, der seit den 1930er Jahren bei Fritzsche hergestellt wurde. Es gab weitere Kastengrößen. Der Vorkriegskasten hatte noch die untergehende Sonne auf dem Titeldruck (große Abbildung).

Hersteller: Carl Fritzsche Baukastenfabrik, Blumenau i. Sa., 1930er/1950er Jahre
Baukästen: 25,5 × 18,5 × 3 cm und 29,5 × 19,5 × 3 cm, Kartonschachteln, allseits oder nur Deckel kaschiert
Bausteine: Nadelholz, teilweise gefärbt, geprägt, bedruckt
Beilagen: 3 Blatt Baubeispiele, 24 × 17 cm

Build a Skyscraper

Juri stellte eine größere Anzahl Miniatur-Baukästen her, auch in Streichholzschachtelgröße. Hier zeigt der kleinste Baukasten der Sammlung die größten Bauten! Die Firma Juri-Baukästen Nordhorn übernahm Anfang der 1970er Jahre die Burgdorfer Baukastenfabrik W. Fritzsche. Ihrerseits wurde sie nach 1978 von der SES Scholz GmbH übernommen.

Hersteller: JURI-Baukästen Horst Richardt GmbH & Co. KG, Nordhorn (1971–1978), 1950–1955
Baukasten: Miniaturmaße 11,5 × 3,5 × 1,8 cm, ausziehbare Kartonschachtel
Bausteine: Buchenholzsteinchen, einseitig bedruckt, gefärbt
Beilagen: Baubeispiele, 14 × 10 cm, gefaltet

Hofmann Bauspiel

Der kleine Baukasten offenbart ein stimmungsvolles Städtchen mit handgemalten Details. Die symmetrische Ordnung der Bausteine im Kasten gefällt. Diese muss auch streng eingehalten werden, um alle Steine wieder unterbringen zu können.

Hersteller: Hofmann, Schweizer Spielzeug, ca. 1950er/1960er Jahre
Baukasten: 19 × 19 × 4 cm, Holzkasten mit Schiebe-Pappdeckel
Bausteine: 50 Holzsteine, bedruckt, bemalt
Beilagen: keine

Unika

Mit den sehr leichten Hölzchen lassen sich große Wohnviertel errichten. Der Kastendeckel wird auffällig als Fernsehmonitor dargestellt, um wohl die Modernität der Plattenbauarchitektur durch die neue technische Erungenschaft hervorzuheben.

Hersteller: VEB-Werk, DDR, 1950er/1960er Jahre
Baukasten: 29,5 × 19,5 × 3 cm, Kartonschachtel, Deckel allseits bedruckt, Karton-Facheinteilung
Bausteine: leichte Nadelholzklötzchen und Buchenholzplättchen, teils gefärbt, bedruckt
Beilagen: keine

Plattenbau

Dem schönen, kleinen Baukasten gelingt es, mit wenigen wiederkehrenden Formen eine farbenfrohe Plattenbausiedlung darzustellen. Die sehr leichten Nadelholz-Bauteile machen das Stapeln wieder zu einem Geduldsspiel.

Hersteller: VEB-Werk, DDR, 1960er–1970erJahre
Baukasten: 29,5 × 19,5 × 3,5 cm, Kartonschachtel, allseits bedruckter Deckel mit Cellophan-hinterlegtem Ausschnitt, innenliegender Sortierkarton
Bausteine: leichte Nadelholzklötzchen und Plättchen, teils gefärbt, bedruckt
Beilagen: keine

Junger Architekt

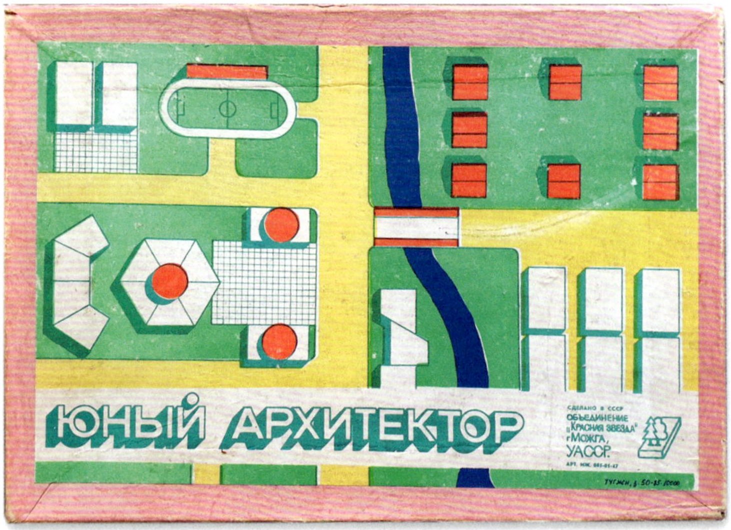

Ein typischer Stadtbaukasten der Ostblock-Staaten. Mit einfach produzierten Holzbausteinen (Fenster und Türen sind nur eingebrannt) werden Wohn-, Arbeits- und Freizeitbereiche einer modernen Siedlung nach sozialistischem Ideal aufgestellt.
Die starken Farbakzente der Gebäude mit dem bunt bedruckten Aufbauplan suggerieren eine Idylle, welche wohl der realen Tristesse sozialistischer Einheitsplanung entgegenwirken soll.

Hersteller: Vereinigung „Roter Stern“ Moschka, Sowjetunion, ca. 1970er–1980er Jahre
Baukasten: 35 × 25 × 5 cm, allseits kaschierte Kartonschachtel, aufgeklebter Deckeldruck
Bausteine: leichte Birkenholzsteine, fertig montierte Datschas
Beilagen: 2 farbige Aufbaupläne, 65 × 44 cm, gefaltet

Sevi

Dieser Baukasten hat bereits im einsortierten Zustand seinen reizvollen Charakter. Der Sevi-Baukasten ist noch heute erhältlich – allerdings nicht so detailreich gestaltet.

Hersteller: Sevi, seit 1999 Trudi Spa in Tarcento, Italien (gegründet 1831 im Gardena Tal, Italien), vor 1999
Baukasten: 28,5 × 28,5 × 3 cm, Holzkasten mit starken Seitenwänden, Auflagedeckel beidseitig lackiert, mit Kordel fixiert, Einsortierplan auf dem Innenboden
Bausteine: 28 Hartholzteile, farbig lackiert
Beilagen: keine

Castillos – urbis 5

Die Firma Goula (gegründet 1942) liefert noch immer Holzbaukästen, Holz-Puzzles und pädagogisches Spielzeug. Die Urbis-Baukastenreihe stellte verschiedene städtische und dörfliche Szenen dar, die gut miteinander kombiniert werden konnten. In der Beilage werden 23 Kästen mit einfacher (urbis 2) bis reichhaltiger Ausstattung (urbis 5) aufgeführt. Die Baukästen waren in Spanien sehr beliebt.

Hersteller: Goula, Barcelona, Spanien, ca. 1960er–1970er Jahre
Baukasten: 41 × 29 × 4,5 cm, Kartonschachtel mit bedrucktem Deckel, Kartoneinteilung, Spielfiguren mit Draht auf beduckter Unterlage fixiert
Bausteine: circa 70 Hartholzelemente, bedruckt, teils lackiert, Plastikfiguren im Klarsichtbeutel
Beilagen: 4-seitige Darstellung der Goula-Baukästen, 17,5 × 25 cm, 3 Blätter mit Modellansichten, 20 × 27 cm

Raumordnung Großstadt/Dorf

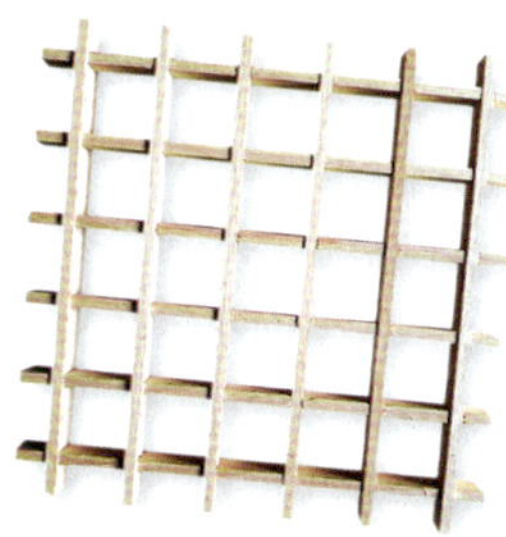

Die Firma Norgut war vorwiegend im Kunsthandwerk sowie im Messe- und Ladenbau tätig. In den 1970er Jahren stellte sie auch diese Holzbaukästen her. Neben den Baukästen „Großstadt" und „Dorf" gab es noch die „Altstadt" und die „Kleinstadt". Ein ungewöhnliches Baukastenprinzip, das städtebauliche Regeln zum Thema hat.

Hersteller: Norgut Inh. Norbert Gutsche jun., Macken (1968–1990), 1970er Jahre
Baukasten: je 30,5 × 16 × 3 cm, Kartonschachtel, Deckel allseitig bedruckt
Bausteine: 49 Holzsteine, gefärbt, gefräst, Unterteil aus zusammensteckbaren kleinen Holzleisten
Beilagen: keine

Freiburger Münster-Baukasten

Den Baukasten gab es in zwei Versionen: mit farbigen oder mit naturbelassenen Steinen.

Der Baukasten des Münsters mit dem Häuserensemble des Münsterplatzes wurde in den 1960er Jahren vom Architekten Herbert Kasper entwickelt, geriet aber schnell in Vergessenheit.
Es gab eine Neuauflage 1970 durch den Münsterbauverein als Beitrag zur Erhaltung des Münsters (damaliger Preis: 75 DM).

Hersteller: Caritas-Werkstätten Freiburg; Herausgeber: Freiburger Münsterbauverein e. V. Freiburg, Christophorus-Verlag Freiburg, 1970er Jahre
Baukästen: je 38 × 28,5 × 4,5 cm, Schachteln aus Graupappe, weiße Kunststoffeinlagen
Bausteine: 59 Buchenholzteile, Maßstab: 1:500, farbig lasiert/natur
Beilagen: Bauvorlage, 36 × 26 cm

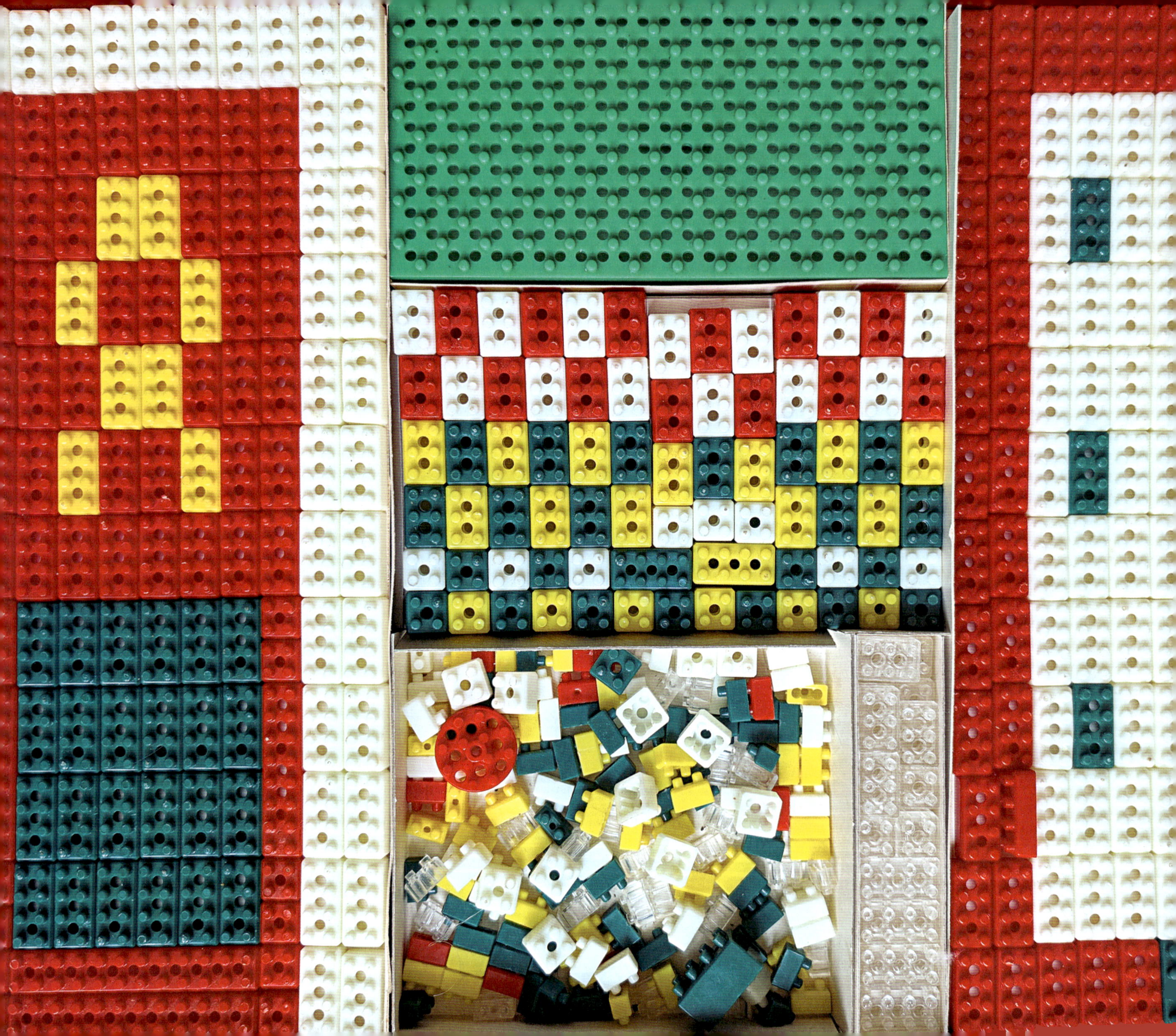

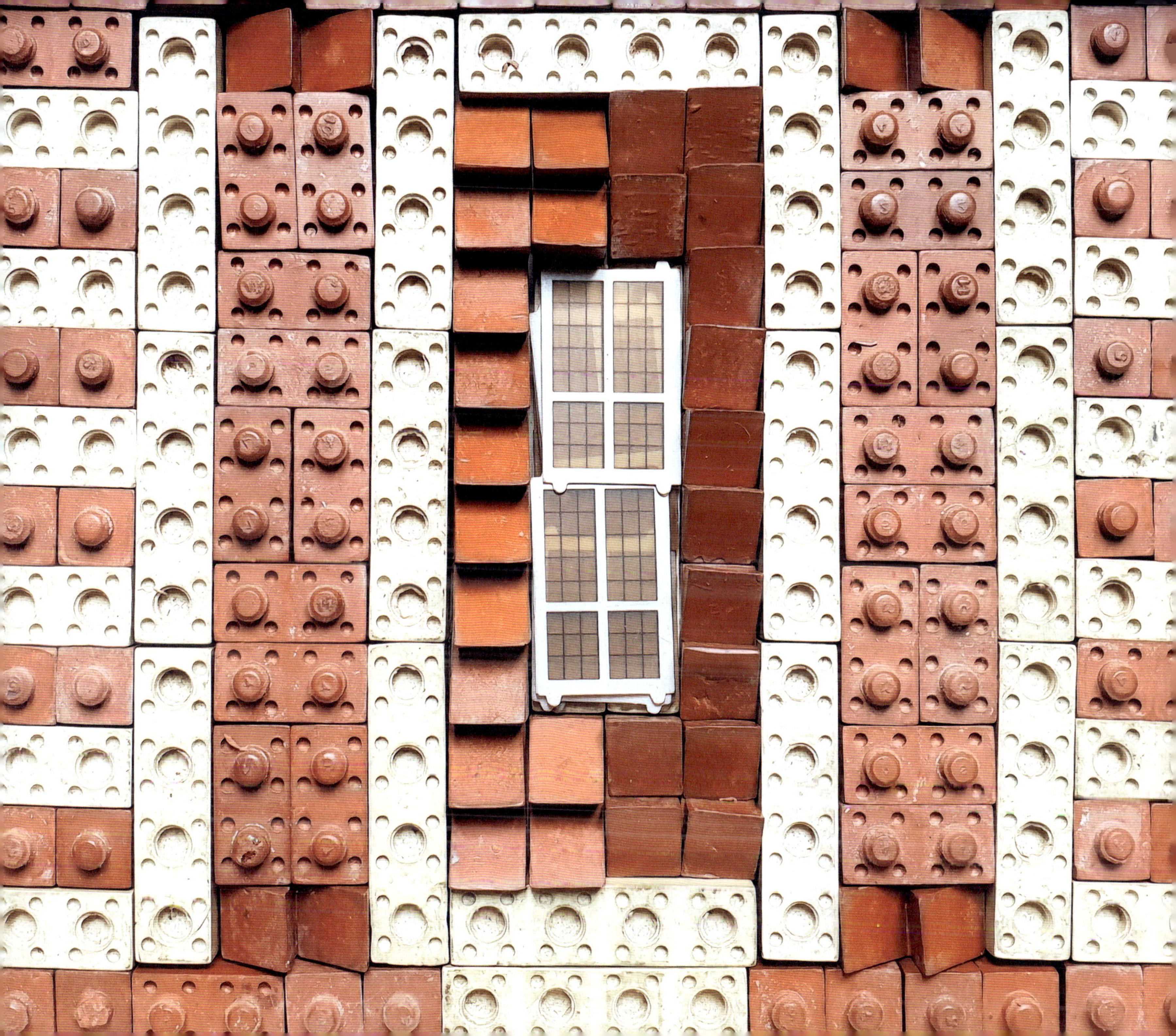

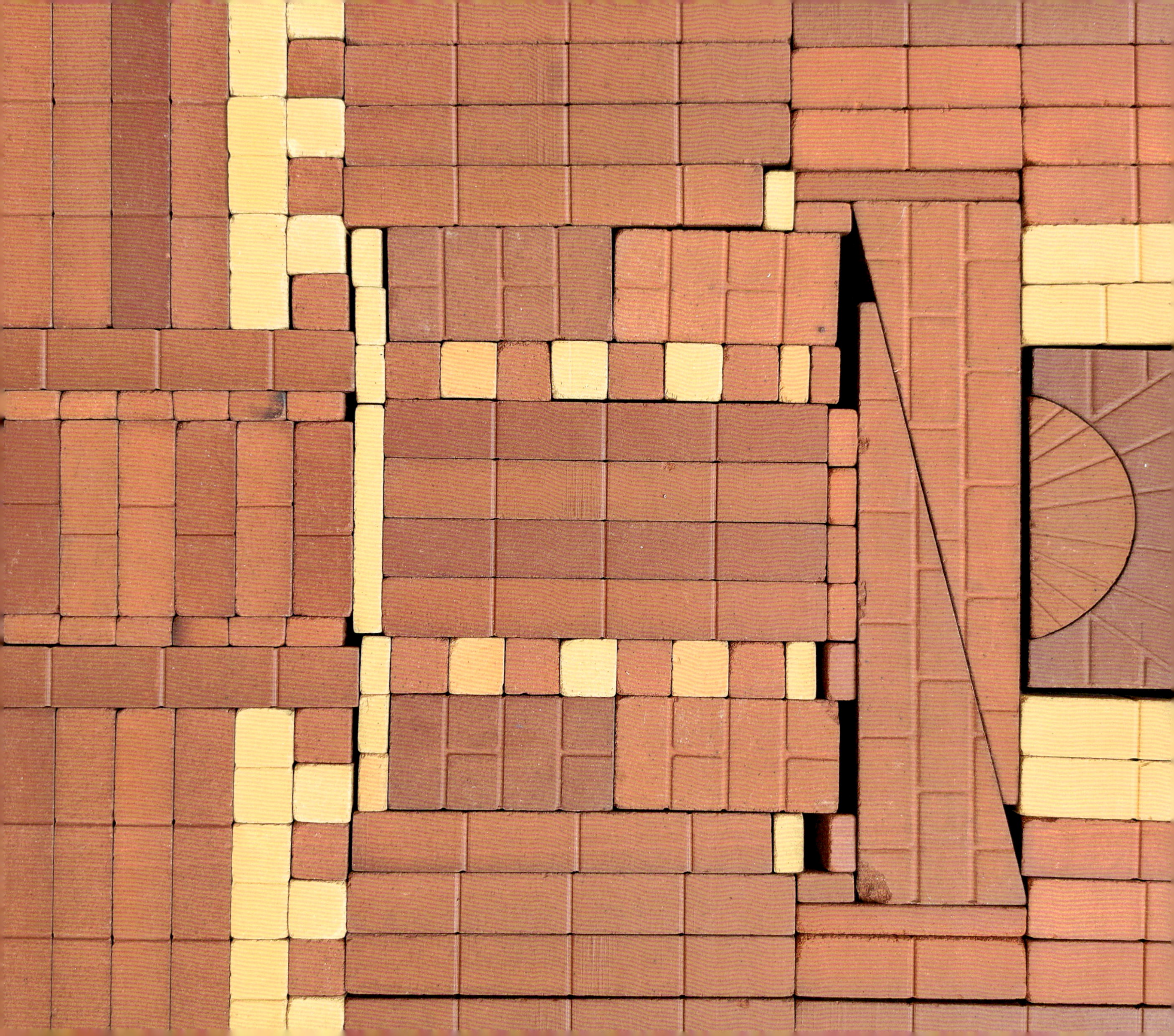

Steinbaukästen

Sander's Renaissance-Baukästen No. 1

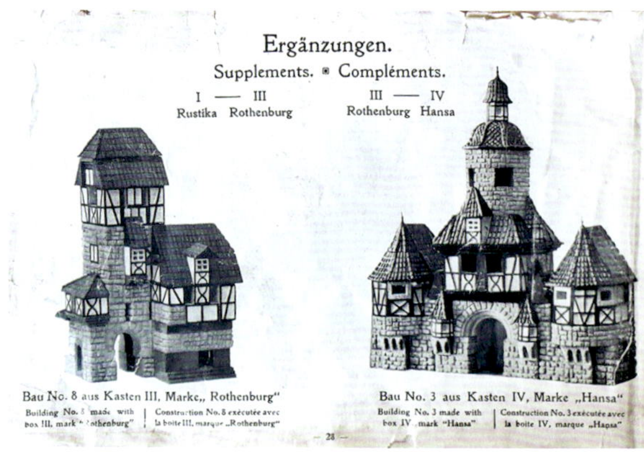

Neben diesem Baukasten „Rustika" gab es noch die Ergänzungskästen „Mittelalter", „Rothenburg" und „Holzfachwerk". Der Formenreichtum der Bausteine wurde in einer Werbeanzeige gepriesen als eine „naturgetreue Nachahmung historischer Bauten mit höchstem malerischem Effekt". Die Qualität der Blöcke ist allerdings nicht so gut wie versprochen. Sie sind rau mit geringer Passgenauigkeit. Das Bauen erfordert Geschick. In der ästhetischen Wirkung ist er aber einer der schönsten und seltesten Baukästen der Sammlung. In einem Spielwarenkatalog von 1912 wurden die Kästen für 6 bis 12 Mark angeboten.

Hersteller: Franz Sander, Köln-Sürth (1911–1913), um 1912
Baukasten: 34,5 × 22 × 4,5 cm, gebeiztes Nadelholz, Schiebedeckel
Bausteine: 84 gepresste Relief-Sandsteinquader, zum Tei gefärbt
Beilagen: 22-seitige Bauanleitung, Steinsortenliste, je 22,5 × 15 cm, eingeklebter Sortierplan auf der Deckelinnenseite, 18 × 12 cm

Bing Steinbaukasten

Bing war eine deutsche Unternehmensgruppe, die 1866 von den Brüdern Adolf und Ignaz Bing als Großhandlung für Haushaltswaren und Blechspielzeug in Nürnberg gegründet wurde. Die jüdische Familie Bing war aus Bingen über Frankfurt am Main nach Franken gekommen. Vor dem Ersten Weltkrieg bezeichnete sich Bing als „größte Spielwarenfabrik der Welt“. Zu dieser Zeit hatte das Unternehmen insgesamt über 4000 Beschäftigte. Mit dem Ersten Weltkrieg gingen viele Absatzmärkte verloren, doch die Firma Bing stellte auf Kriegsprodukte um, wie Helme, Feldflaschen und Tornister. In den letzten Kriegsjahren richtete man sich weitsichtig wieder auf Friedensprodukte ein. Schließlich umfasste das Sortiment mehrere Tausend Artikel (16.000 Konzernbeschäftigte, 1923). Die unübersichtliche Konzernstruktur und die Weltwirtschaftskrise führten dazu, dass das Unternehmen 1932 in Konkurs ging.

Hersteller: Gebr. Bing AG, Nürnberg, ab 1863 (Handel), 1879–1932 (Produktion), um 1920
Baukasten: 40 × 30,5 × 8 cm, Nadelholzkasten
Bausteine: ca. 360 Steine aus gepresstem und gefärbtem Sandstein, 2-lagig
Beilagen: Anweisungen und Vorlagen, 43 Seiten, 29,5 × 19 cm, Sortierplan auf Kastendeckel-Innenseite und separat, 35 × 25 cm

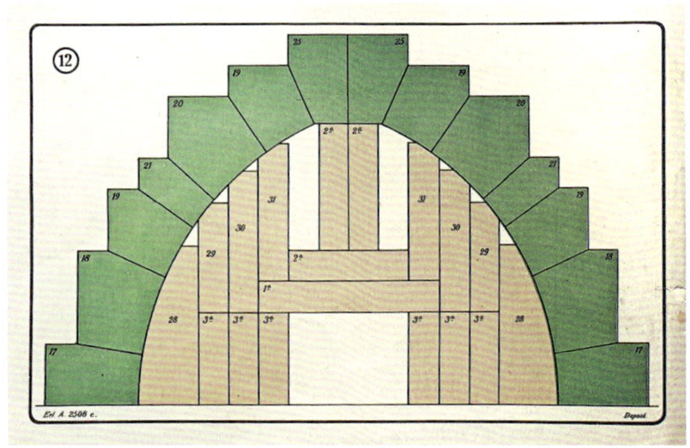

(a)

Die Bing-Steinbaukästen zeichnen sich vor allem durch ihren reizvollen Bogenbau aus – romanische, gotische und Spitzbögen aller Art. Die Entwicklung des Baukastens zu einem Lehrbaukasten über Regeln des Bogen- und Gewölbebaus setzte um 1915 ein.
Die Abbildung (a) zeigt die grauen Stützsteine unter den Bogensteinen, die für den Aufbau der Bögen zusätzlich benötigt werden. Sie sollen zum Ende des Aufbaus wieder entfernt werden. Leider funktioniert dies nicht bei allen Konstruktionen – so beim Modell rechts oben, welches nach Entfernen der Stützsteine einbrach. Beim Bogenbau kommt ein Problem zum Tragen, welches früher auch den Dombaumeistern bekannt war: Das Gewicht der oberen Bogensteine drückt die unteren nach außen, da es an entgegenwirkender Kraft fehlt. Der Bogen stürzt ein. Dies kann unter anderem verhindert werden, indem genügend Steine zur seitlichen Abstützung verwendet werden (vgl. Abbildung (b)).
Es gibt aber auch Baubeispiele, die den Bogen in konkaver Form verwenden (wie der gebaute Turm, rechte Seite). Dort füllen Steine den Raum zwischen den Bögen aus und sorgen für Stabilität. Die Bauhöhe des Turmes deutet auch auf die gute Maßhaltigkeit der Bing-Steine hin. Dennoch: Das fast 50 Zentimeter hohe Modell bleibt ein fragiles Gebilde.

(b)

Anker Steinbaukästen

Gemeinsam mit seinem Bruder, dem berühmten Flugzeugpionier Otto Lilienthal, entwickelte Gustav Lilienthal 1877 künstliche Bausteine, die aus Sand, pulverisiertem Kalk, Leinöl und verschiedenen Farbstoffen bestanden. Den Brüdern Lilienthal gelang es aber nicht, die Steine erfolgreich zu vermarkten. So verkauften sie ihre Erfindung 1880 schließlich an Friedrich Adolf Richter, der das Marktpotenzial erkannte und in Rudolstadt die Baukästen produzierte. Die Anker Steinbaukästen waren bis Anfang 1930 der bekannteste Makenartikel unter den Baukästen. In der Richterchen Kunstanstalt in Leipzig arbeiteten zahlreiche Architekten an den Entwürfen und Bauplänen. Filialen in Europa und New York und die mehrsprachigen Bauanleitungen (zuletzt in 21 Sprachen) zeigen die internationale Verbreitung.
Die Steinbaukästen bildeten ein weit verzweigtes Stufen- und Ergänzungssystem, vom kleinsten Kasten mit 19 Steinen bis zum größten Kastensatz mit 5871 Steinen, der mehrere Zentner wog. Später wurden weitere Baukastenserien und Ergänzungen, unter anderem mit Eisenteilen für den Brückenbau, angeboten. Die über 600 Steinsorten erforderten auch ein entsprechendes Preissystem. So war Richter der erste Spielwarenfabrikant, der für seine Artikel Einzelhandelspreise festlegte.
Nach jahrelanger Vorherrschaft auf dem Spielzeugmarkt wurden die Baukästen in den 1930er Jahren bedeutungslos. 1953 übernahm der volkseigene Betrieb Thüringen die Produktion mit neuen Bauentwürfen. Bereits zehn Jahre später musste die Firma schließen. Erfreulicherweise werden die Ankerkästen heute wieder hergestellt und vertrieben.

Hersteller: F. Ad. Richter & Cie. KG, Rudolstadt (1877–1963), VEB Ankerwerk (1953–1956), VEB Anker-Steinbaukasten (1957–1963), Produktion der Kästen ab 1882, 2010er Jahre
Baukästen: 32,5 × 22 × 4 cm, 8 Kästen von Grundkasten 6 bis Erweiterungskasten 18a, Buchenholz, Schiebedeckel, aufgeklebter Druck
Bausteine: gepresster Kunststein aus Sand, Kreide, Leinöl
Beilagen: je Kasten 20- bis 32-seitige Modellvorlagen und Schichtenpläne von 21 × 15 cm bis 29,5 × 20 cm

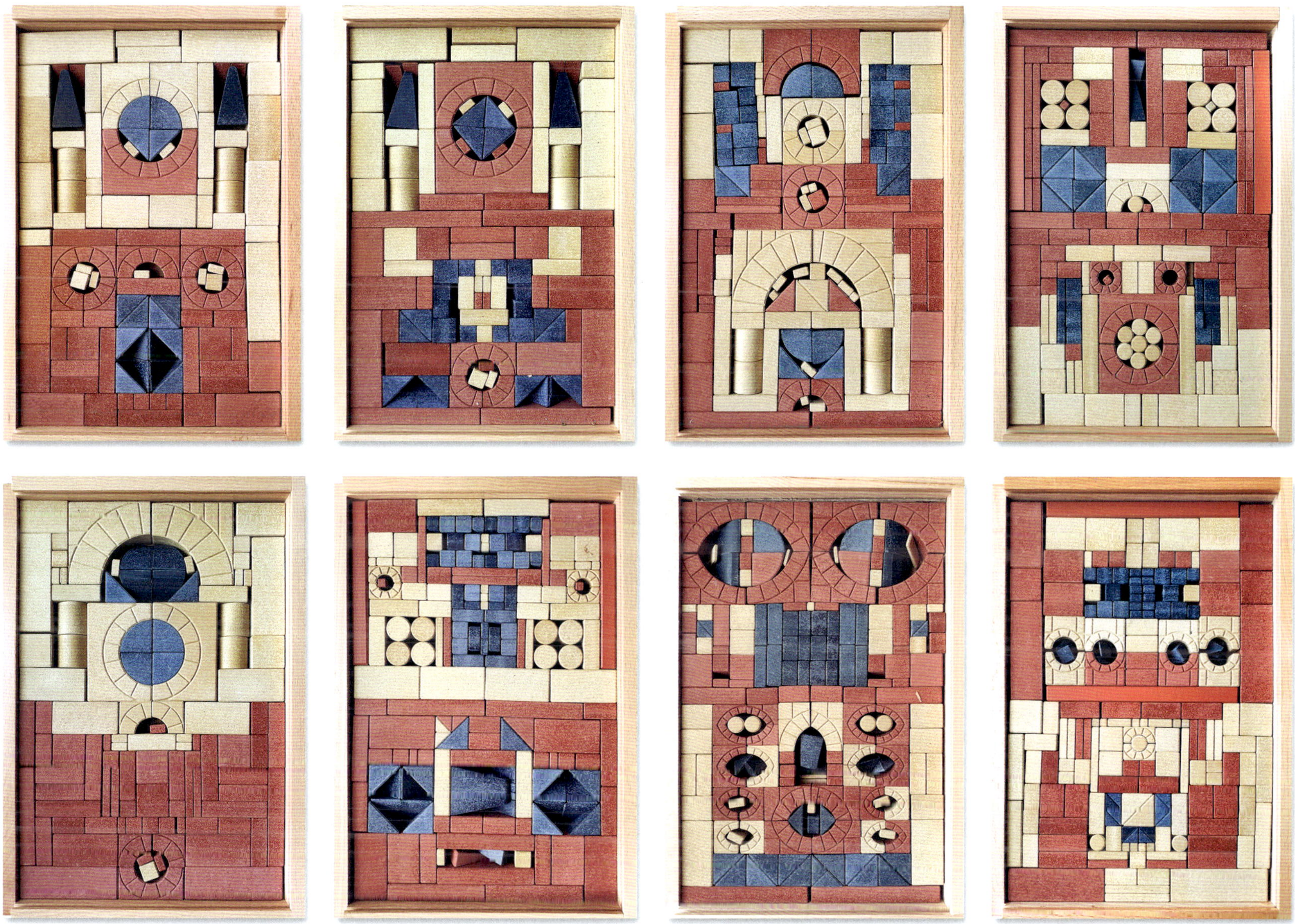

Ausstellungs-Pavillon

Das Generalstabsgebäude ist fast 60 cm hoch.

Künstler-Modell-Baukasten Liebe Heimat

Der Steinbaukasten „Liebe Heimat“ ist aus einer Serie, die keinen Anschluss zu den sonstigen Anker Baukästen hat. Die Baumodelle spiegeln die Landhausbewegung wieder, die sich auch bei anderen Baukästen jener Zeit findet, etwa den Brandt’s Städtebaukästen.

Hersteller: F. Ad. Richter & Cie. KG, Rudolstadt (1877–1963), ab 1916
Baukasten: 37 × 23 × 9,5 cm, Holzkasten mit Schiebedeckel und Metallbeschlägen, aufgeklebter dünner Deckeldruck
Bausteine: 124 Steine aus gepresstem Steinmehl (ca. 8 kg), 2-lagig
Beilagen: 5 Blatt mit 10 farbigen Bauansichten, 18 × 28 cm, 36 Blatt ausführliche Bauvorlagen 18 × 28 cm, 4-seitiges Geleit mit Teileliste 18 × 28 cm, Tabelle der Bausteinsorten, 33,5 × 26,5 cm, gefaltet

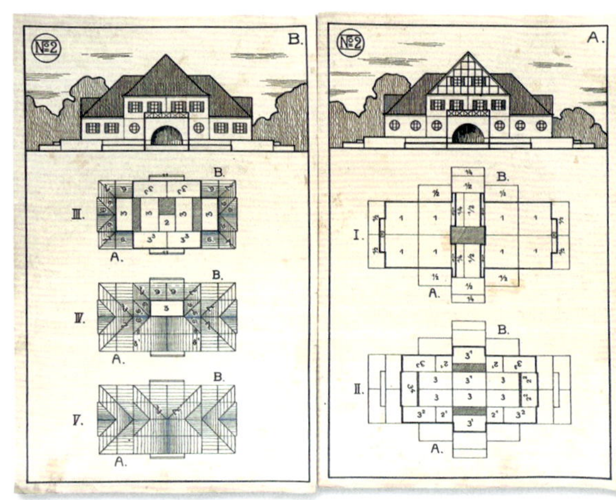

Dresdner Garten-Bau-Kasten No. 2

Mit den farbigen Bausteinen konnten anhand von Bauvorlagen Barockgärten gelegt werden. Es gab eine kleine und große Ausführung des Baukastens, mit englischer und französischer Beschriftung für die europäische Vermarktung. Der kunstinteressierte Karl Max Seifert unterhielt enge Kontakte zur Künstlervereinigung „Die Brücke“. 1906 fand im Mustersaal der Firma die erste größere Ausstellung der Künstlergruppe statt.

Hersteller: Dresdner Kunstwerkstätten
Karl Max Seifert, Dresden (1895–1906), um 1905–1910
Baukasten: 28 × 23 × 2,5 cm, stabile Kartonschachtel, allseits mit geprägtem Papier kaschiert, Deckelbild mit Jugendstilornamentik und vereinfachter Darstellung des frühbarocken Palais im großen Garten von Dresden
Bausteine: gepresste, plastisch ausgeformte Bauelemente aus gipsähnlicher Masse, farbig bemalt, glasiert
Beilagen: 6 Blatt Bauvorlagen, 18 × 14 cm, einfarbig-bläulich

Steinbaukasten Bauhütte Nr. 4

Die Firma brachte 1926 die Bauhütte-Baukästen in vier Größen heraus: Nr. 1 mit 38 Bausteinen bis Nr. 4 mit 153 Bausteinen. Eine Neuauflage erfolgte 1952.

Hersteller: Fuchs & Beug, Wildflecken (1926–1952), 1930er–1950er Jahre
Baukasten: 30 × 27 × 5 cm, 2-lagig, Holzkästen mit Schiebedeckel
Bausteine: 151 Bausteine, gepresster, teilweise gefärbter und beklebter Sandstein, Baumaßstab 1:100
Beilagen: 8-seitige Bauvorlage, 20 × 14,5 cm, einfarbig-grünlich, Einsortierplan, 21 × 23 cm

Boizenburger Steinbaukasten

Die Steine der Boizenburger Baukästen zeigen eine deutlich geprägte Mauerwerksstruktur und stellen größere Gebäudesegmente dar. So erspart man sich das Zusammensetzen dieser Elemente aus einzelnen Steinchen. Die Variabilität der Bauwerke ist aber dadurch eingeschränkt. Der Boizenburger Großbetrieb war faktisch der Alleinhersteller von Wandfliesen in der DDR. Nach der Wende wurde er weitergeführt. 2023 wurde die Insolvenz vermeldet.

Hersteller: Boizenburger Fliesenfabrik, Boizenburg, ca. 1950er–1960er Jahre
Baukasten: Grundkasten, 27 × 34 × 7 cm, Ergänzungskasten, 27 × 34 × 4 cm, Nadelholzkästen mit Schubdeckeln aus Pressspan, Deckeldrucke
Bausteine: keramisches Material
Beilagen: 4-seitige Baubeispiele, 15 × 21 cm, 2 Sortierpläne Grundkasten, 24 × 32 cm, Sortierplan Ergänzung, 26 × 34 cm, gefaltet

Arcano Steinbaukasten Nr. 3

Das Besondere des Arcano Baukastens ist sein Vorlagenheft, welches die Modelle landschaftlich eingebunden zeigt. Ein erzählerischer Reiz ergibt sich durch die gemalten Szenerien mit Menschen, welche die Gebäude aus der Ferne betrachten. Es gab die Grundbaukästen 1 bis 6 sowie die Ergänzungskästen 1a bis 5a.

Hersteller: Arcano-Steinbaukastenfabrik, Neuwildflecken (1912–1954), 1950er Jahre
Baukasten: 26,5 × 21,5 × 3 cm, allseits kaschierte Schachtel, aufgeklebter Deckeldruck
Bausteine: über 140 Steine aus gepresstem und gefärbtem Steinmehl
Beilagen: 36-seitiges Vorlagenheft für Baukästen 1 bis 3 mit Zusatzblatt, 18 × 12 cm, Einpackvorlage, 21,5 × 28 cm

Arcano
VORLAGENHEFT FÜR KASTEN NR. 1-3
BUILDING DESIGNS FOR SET NO. 1-3
MODELES POUR LES BOITES NO. 1-3
MODELOS PARA LAS CAJAS Nº 1-3
BUILDING BOX
BOITE DE CONSTRUCTION
CAJA DE CONSTRUCCIONES
ARCANO
STEINBAUKASTEN
MADE IN GERMANY

Kapelle

Eisenbahn

Eisengiesserei

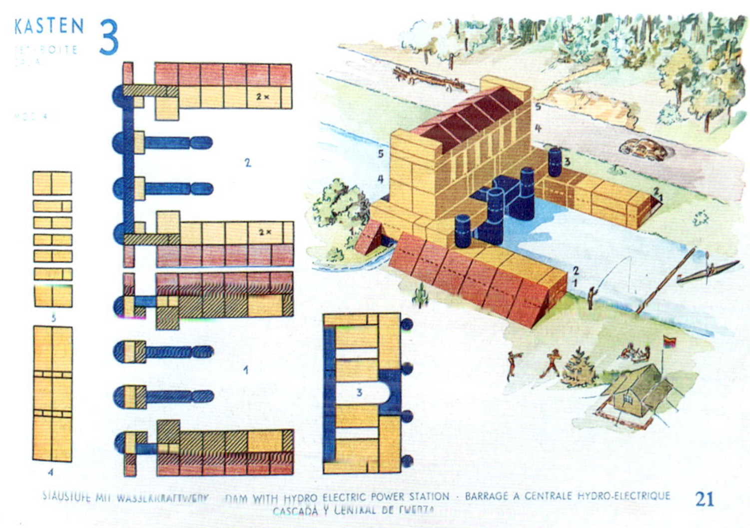

Wasserwerk

Tetek Modell-Steinbaukasten

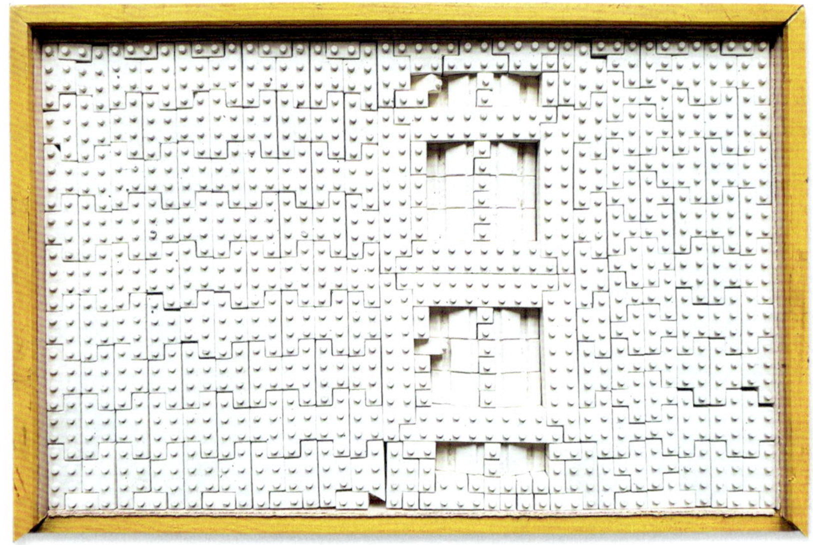

Dies ist einer der ersten Steinbaukästen, der kurz nach dem Krieg angepriesen wurde und in die Wiederaufbauzeit passte. Die Bausteine zeigen mit ihren symmetrisch angeordneten Nocken schon eine verblüffende Ähnlichkeit mit dem späteren Lego-Stein. Das Problem der fehlenden Haftung wird durch den Aufbau der Steine im Verbund gemildert, sodass auch das abgebildete, circa 25 Zentimeter hohe Modell stabil blieb. Es gab vier Grundtypen sowie Zusatzkästen, die auf der 5. Spielwarenfachmesse in Nürnberg vorgestellt wurden. Damaliger Richtpreis: 23,40 DM.

Hersteller: Tetek-Steinwerkstätte Templer & Co. München-Hollenbrunn, (1946–1954), um 1950
Baukasten: 41 × 27 × 4,3 cm, stabiler Holzkasten, lackiert, 4,3 kg
Bausteine: 228 genormte Pressteine, Nocken-Steckverbindung
Beilagen: 4-seitige Bauanleitung, 4-seitige Bauvorlage, je 21, × 14,5 cm, 1 Blatt mit Modellfotos, 21 × 18 cm, Schichtenplan und Schablonenbogen, 42 × 30 cm, gefaltet, 2 Blatt rotes Dachpapier, bedruckt, 38 × 24 cm

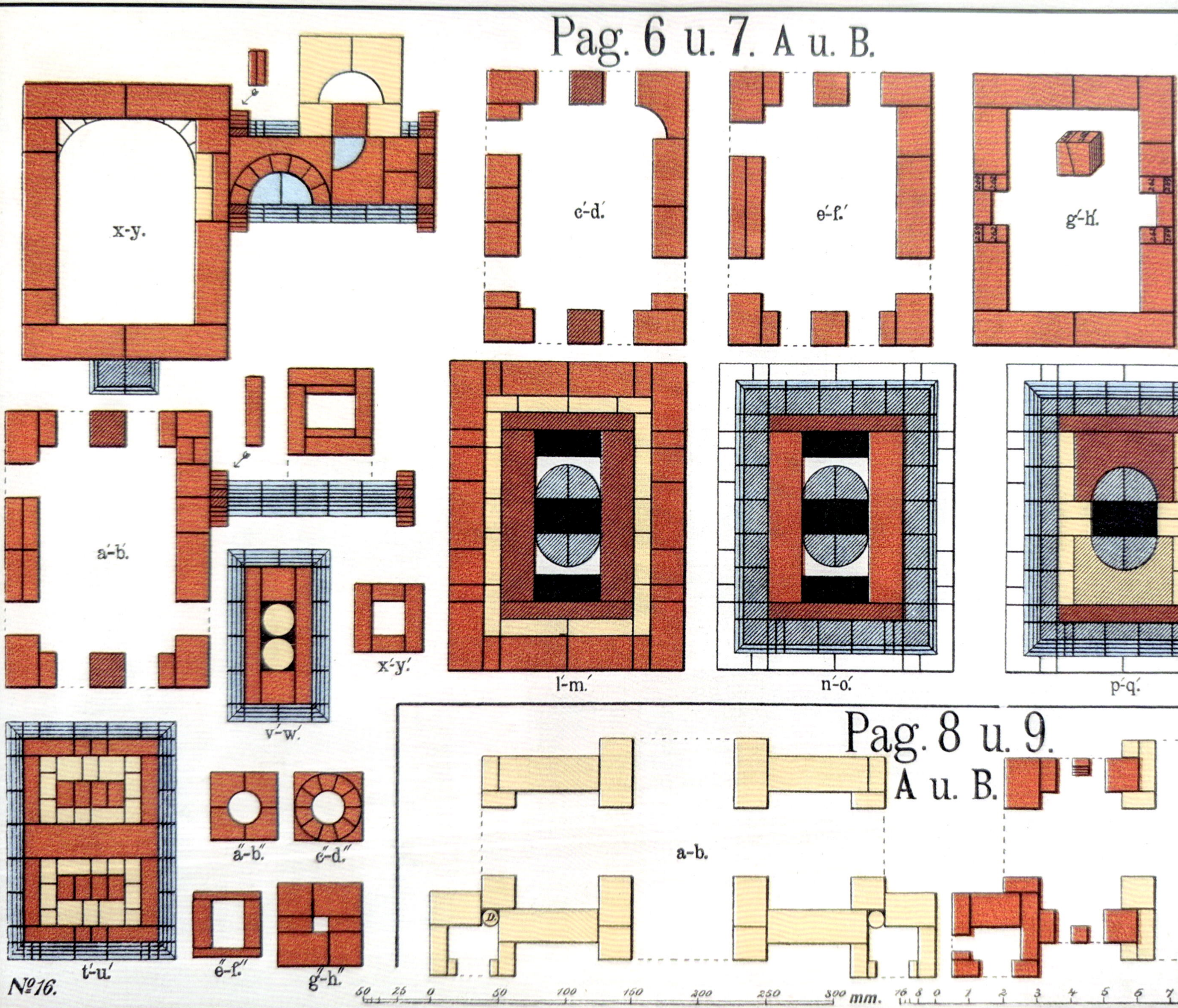
Pag. 6 u. 7. A u. B.
x-y.
c′-d′.
e′-f.′
g′-h′.
a′-b′.
x′-y′.
l′-m.′
n′-o.′
p′-q.′
v′-w′.
t′-u′
a″-b″.
c″-d.″
e″-f.″
g″-h.″
Pag. 8 u. 9.
A u. B.
a-b.
D.
No 16.
50 25 0 50 100 150 200 250 300 mm.
16 8 0 1 2 3 4 5 6 7

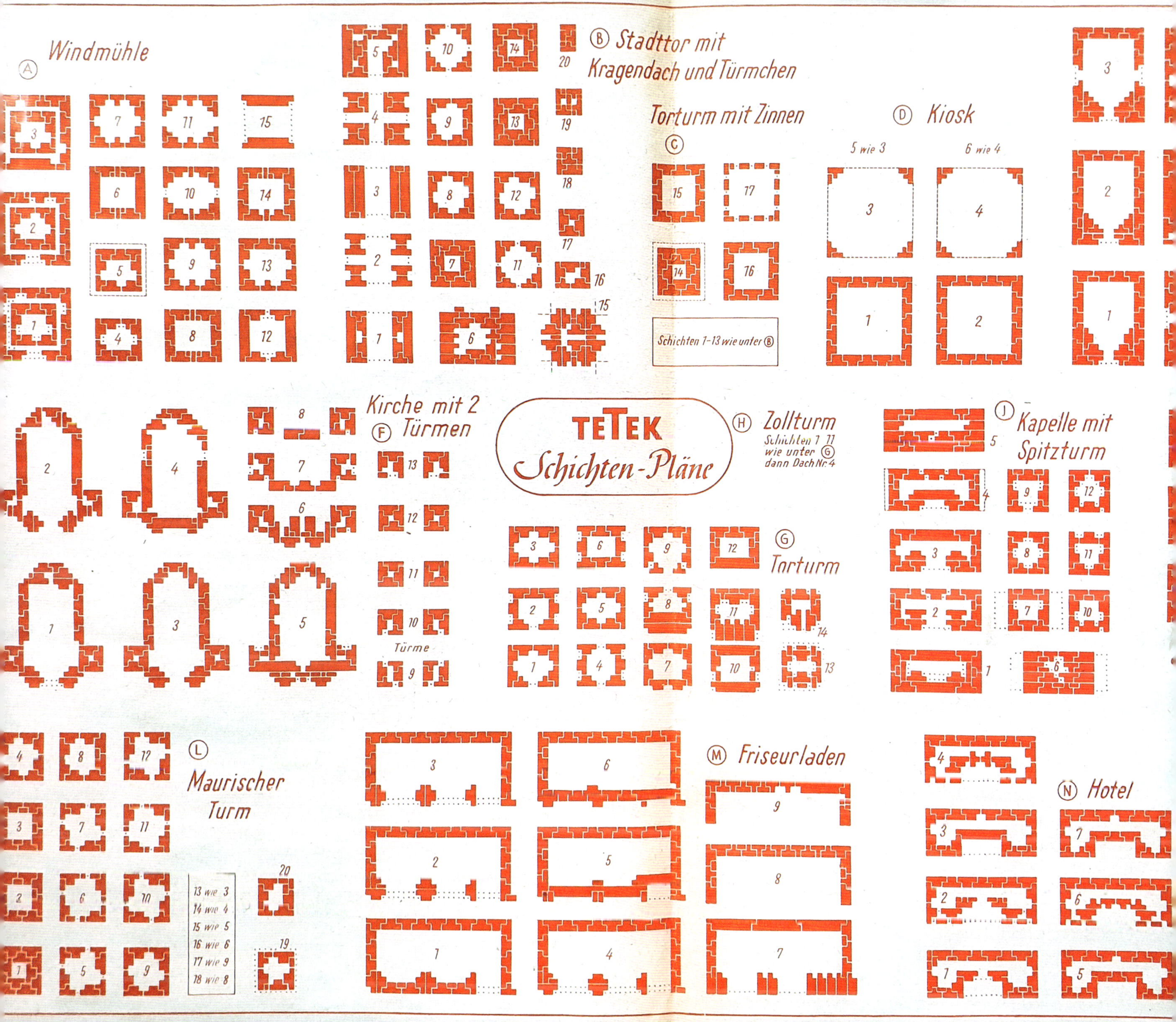
TETEK
Schichten-Pläne
Ⓐ Windmühle
Ⓑ Stadttor mit Kragendach und Türmchen
Ⓒ Torturm mit Zinnen
Schichten 1–13 wie unter Ⓑ
Ⓓ Kiosk
5 wie 3
6 wie 4
Ⓕ Kirche mit 2 Türmen
Türme
Ⓗ Zollturm
Schichten 1 11 wie unter Ⓖ dann Dach Nr. 4
Ⓖ Torturm
Ⓙ Kapelle mit Spitzturm
Ⓛ Maurischer Turm
13 wie 3
14 wie 4
15 wie 5
16 wie 6
17 wie 9
18 wie 8
Ⓜ Friseurladen
Ⓝ Hotel

B PILASTRAS PEQUEÑAS
D COLUMNAS PEQUEÑAS
E PARTERRES
F POMOS GRANDES
G POMOS MEDIANOS
H POMOS PEQUEÑOS

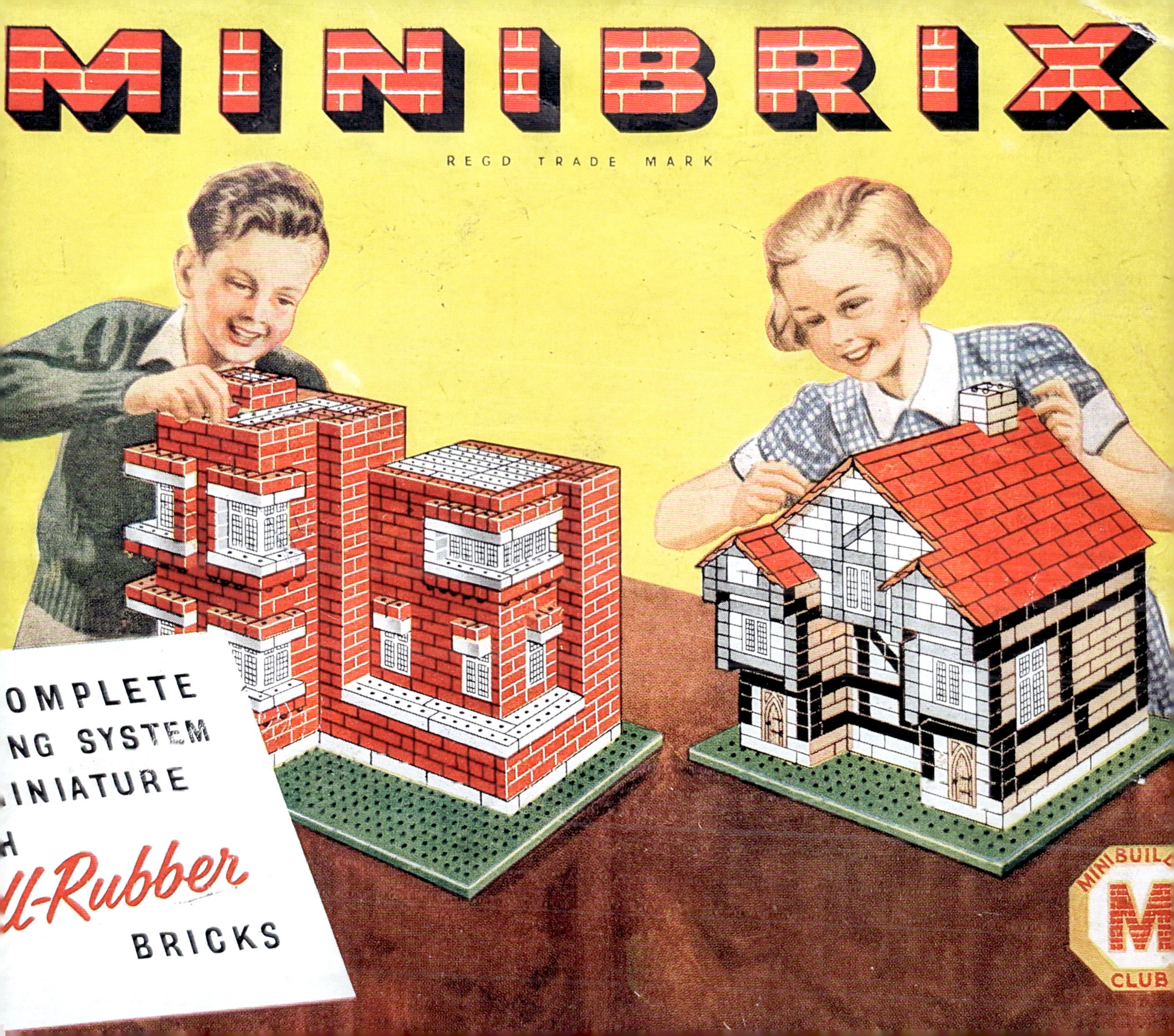
MINIBRIX
REGD TRADE MARK
OMPLETE
NG SYSTEM
INIATURE
H
ll-Rubber
BRICKS
MINI BUIL
M
CLUB

MODEL 6/5 - - - - - - FARM BUILDINGS

This group includes Farmhouse shown below.

Detail of shed "A"

Detail of wall of main building concealed by shed "A".

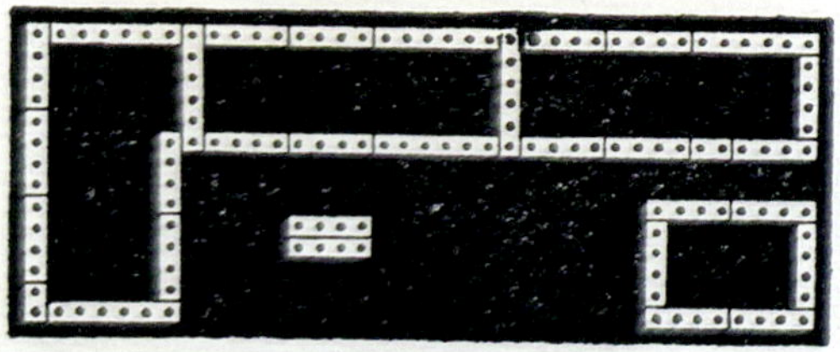

Ground Plan

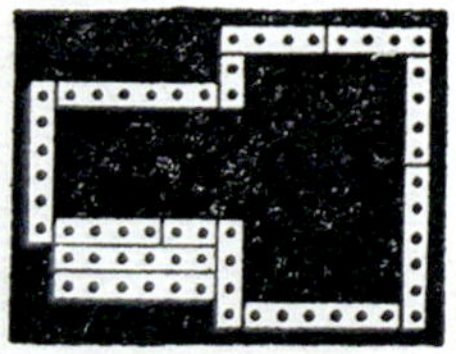

Ground Plan of Farmhouse

Back view of Farmhouse

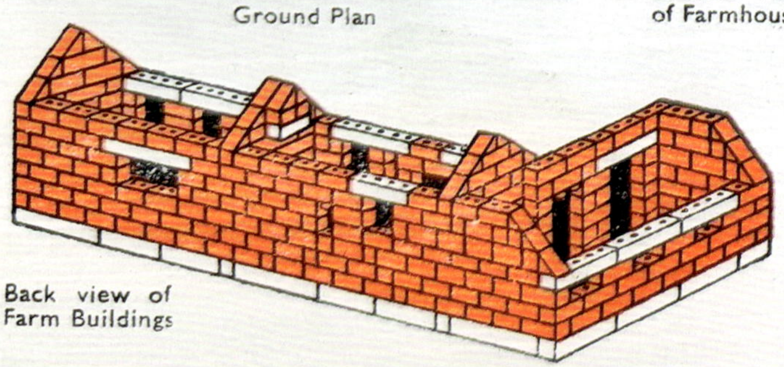

Back view of Farm Buildings

Parts required for Model 6/5 (including Farmhouse):

462 Whole bricks	1 House door
114 Half bricks	4 Small doors
70 Angle bricks	4 Large windows
13 1-in. lintels	1 Roof No. 1
40 2-in. lintels	2 Roofs No. 2
19 3-in. lintels	3 Roofs No. 3
32 Universal pins	

MODEL 6/6 - - - - - - - CATHEDRAL

Parts required:

390 Whole bricks	10 3-in. lintels
130 Half bricks	60 Universal p
74 Angle bricks	20 Corinthian
10 Double angle bricks	2 Church doo
16 1-in. lintels	4 Small windo
32 2-in. lintels	10 Large wind
	1 Roof No. 3

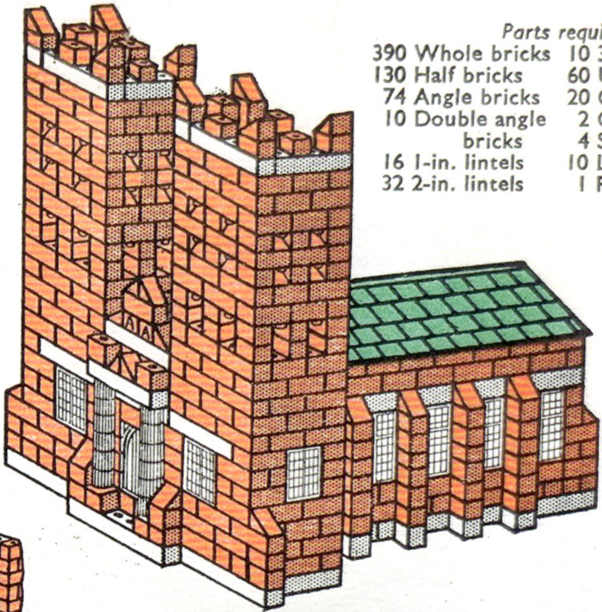

Bricks m "A" are bricks.

Ground Plan

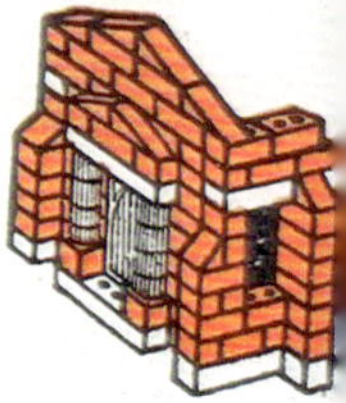

Detail of end of aisle.

Fig. 1. *Shows method of construction of top of tower, which fits directly on section shown in Fig. 2.*

Fig. 2. *Showing interior construction. Two angle bricks are removed to show position of supporting lintels.*

MODELS BUILT WITH No. 6 SET

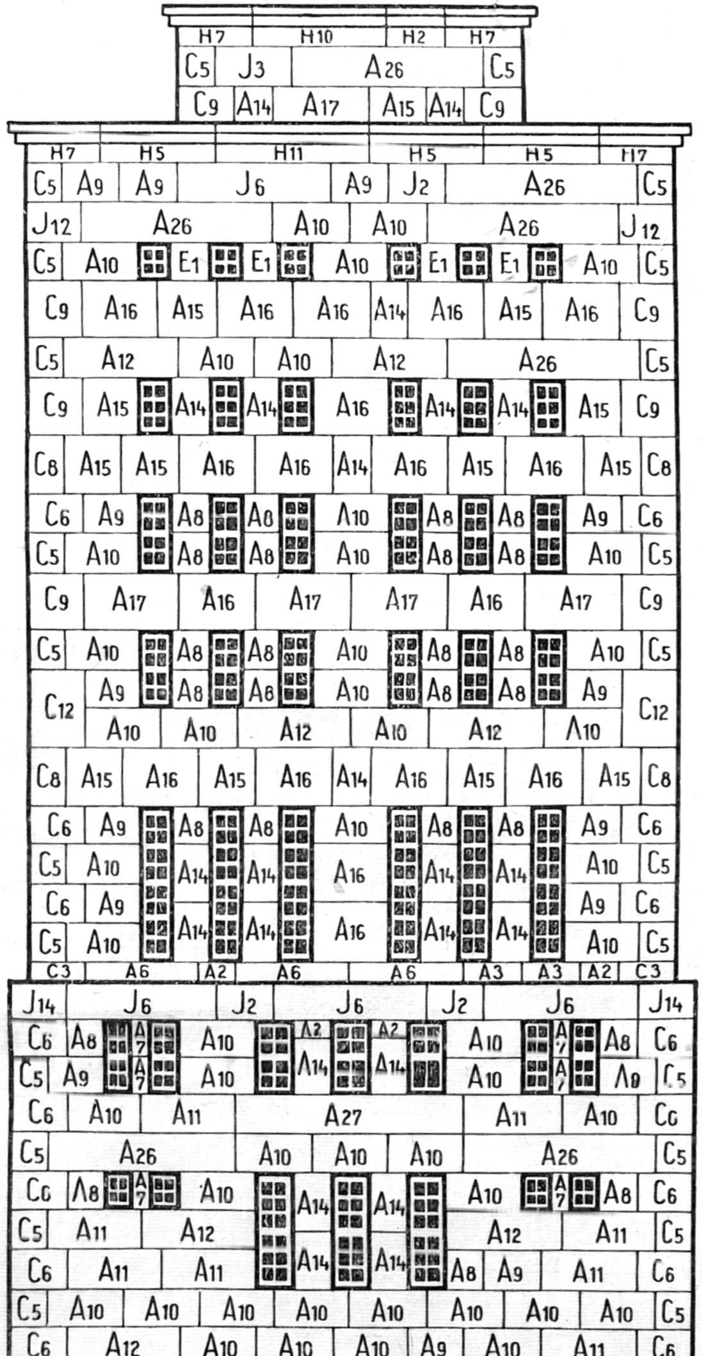

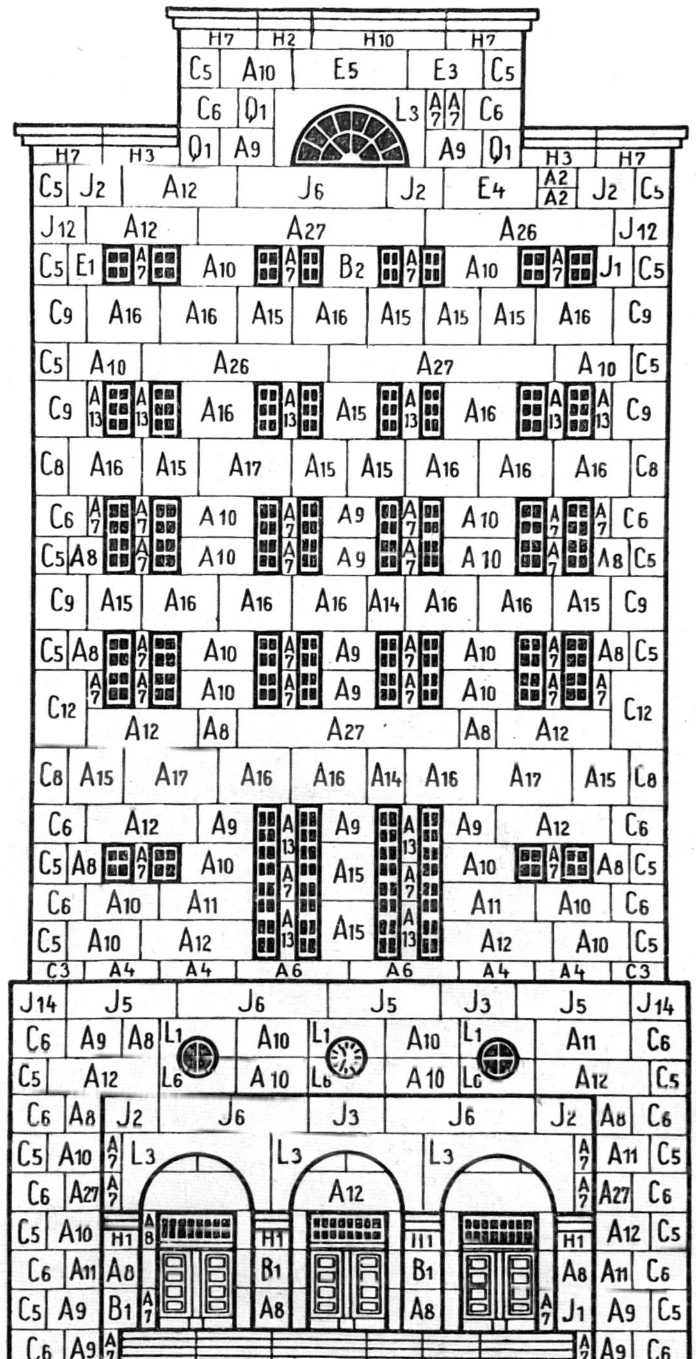

ild with American
Skyline
TRADE MARK
ELGO Plastics, INC.
3610 TOUHY AVENUE
CHICAGO...45...ILLINOIS

PLASTIC
MODELLBAUSTEINE
Art.-Nr.1-9
Zweifamilienhaus
mit Werkstatt und Gartenmauer
gebaut mit Baukasten Art.-Nr. 921 Z 03

Kunststoff-baukästen

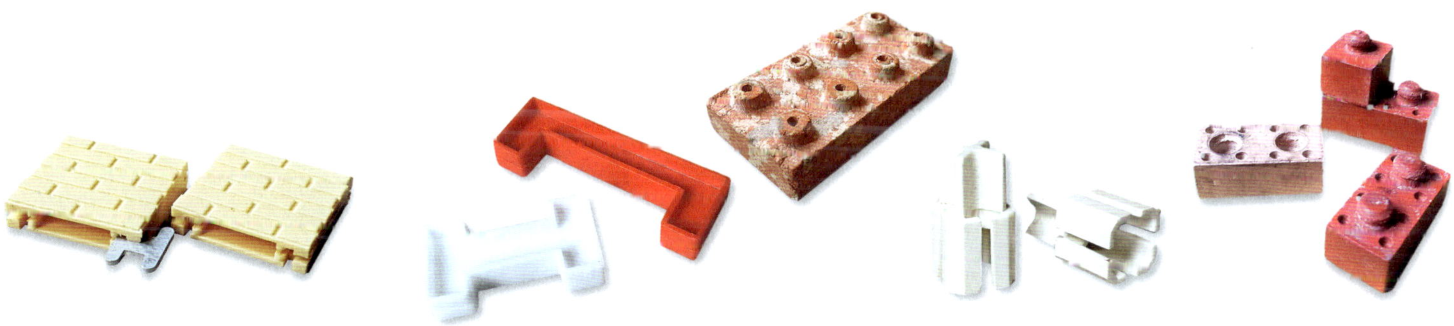

Batima 4

Die Batima-Steine bestehen aus Galalith, einem Casein-Kunststoff. Der Chemiker Adolf Spitteler entwickelte mit dem Forscher Ernst Krische diesen Kunststoff aus Milchserum. Das gemahlene Rohcasein wurde mit Wasser angefeuchtet, mit Füllstoffen, Farblösungen und weiteren Zusätzen vermischt und durch Wärme und Druck plastifiziert. Durch spezielle Pressen entstanden die jeweiligen Formen, welche in Formaldehydbädern gehärtet und in Warmluft getrocknet wurden. Bis Mitte der 1930er Jahre wurde in Deutschland Galalith in großen Mengen hergestellt, unter anderem für Knöpfe, Schmuck, aber auch für die Isolierung elektrischer Anlagen.

Der Belgier Louis Cousin erfand die Batima-Bausteine und meldete sie 1923 zum Patent an. 1954 übernahm die Firma Beeusaert die Herstellung der Baukästen und fertigte sie bis 1959. In den frühen Baukästen finden sich blaue, gelbe und rote Steine. Später kamen Steine in den Farben Grau und Schwarz hinzu.

Es gab anfangs vier verschiedene Kästen, die lediglich mit Schriftzug und Baukastennummer ohne weitere Verzierungen versehen waren (wie dieser Kasten). Die Bausteine sind recht groß (2 × 4-Stein: 5 × 2,5 cm) und haben ein mit Hartholz-Bausteinen vergleichbares Gewicht. Die Noppen mit den entsprechenden Aussparungen an der Unterseite erleichtern den Zusammenhalt der Steine und sichern sie gegen Verrutschen, allerdings ohne jegliche Klemmkraft.

Hersteller: Beeusaert, Belgien, 1930er Jahre
Baukasten: 36 × 29 × 2,5 cm, kaschierte, rötliche Kartonschachtel
Bausteine: Kunststoffsteine aus Galalith, 2-lagig
Beilagen: keine

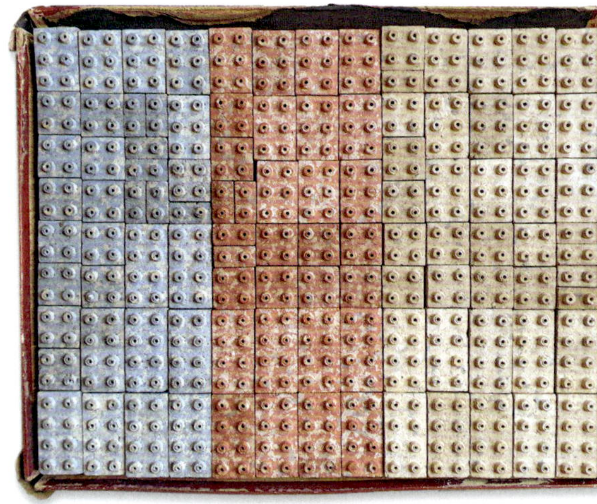

Minibrix 2

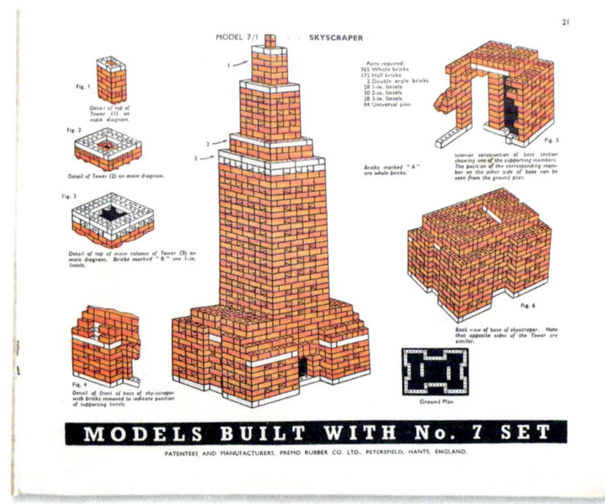

Die Minibrix-Baukästen gab es in zehn Sets und sieben Zusatzsets mit 147 bis 1375 Steinen. Eine Variation stellten die Tudor-Sets dar, mit denen Fachwerkbauten nachgeahmt wurden. In der Anleitung wird betont, dass mit Minibrix architektonisch korrekt gebaut werden kann und dies von führenden Architekten gelobt wurde. Der Zusammenhalt der Bausteine ist nur mäßig. Die nachgiebigen Gumminoppen könnten auch altersbedingt geschrumpft sein und so an Haftkraft eingebüßt haben. Dafür stellen die Gummisteine eine Mauerziegelwand erstaunlich realistisch dar.

Hersteller: Premo Rubber Co. Ltd, Petersfield, England, um 1940
Baukasten: 29 × 20,5 × 5 cm, stabile Schachtel aus starkem Karton, Ecken original getackert, Deckel allseits bedruckt
Bausteine: 195 Noppenbausteine und Dachflächen aus Gummi, Fenster und Türelemente aus bedrucktem Kunststoff
Beilagen: 32-seitige englische Anleitung mit 21 Bauvorlagen und Steineliste aller Baukastengrößen, 22 × 18 cm

Bayko Building Set 3

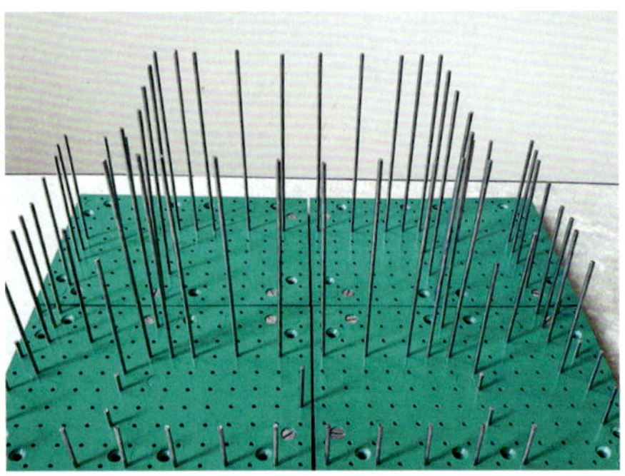

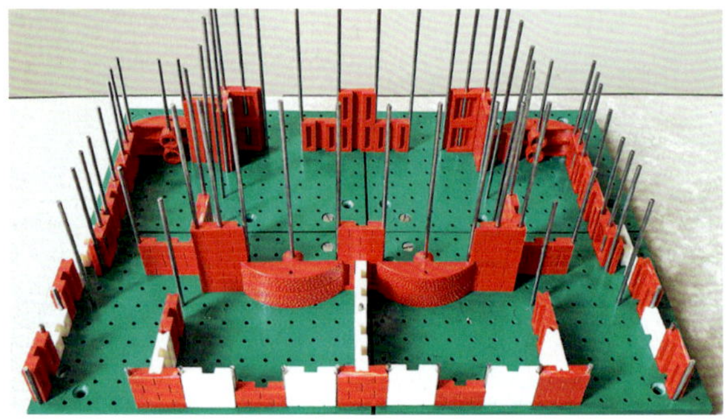

Bayko war weltweit das erste Plastik-Konstruktionsset. Die Bauteile der frühen Kästen bestanden aus Bakelit. Mitte der 1950er Jahre erzielte die Firma die höchsten Jahresabsätze: bis zu 150.000 Baukästen, die in 24 Länder exportiert wurden. Leider vermarktete danach Mecano die Baukästen nur mäßig, sodass die Produktion 1964 eingestellt wurde. Heute gibt es noch eine größere Fangemeinde, zu welcher auch der „Bayko Collectors Club“ in England zählt. Das Verbindungssystem gleicht dem des Bâtiss-Baukastens (S. 96), dessen Holzbausteine durch Metallstangen gesteckt werden.

Hersteller: Plimpton Engeneering, Liverpool, England (1933–1967); Vertrieb: Mecano 1959–1967, um 1953
Baukasten: 39 × 28 × 10 cm, allseits kaschierte Kartonschachtel mit Deckeldruck, 4 Sortierkästchen
Bausteine: Steine, Dächer und Lochplatten aus Kunststoff, Stäbe, Schrauben und Lochplättchen aus Stahl
Beilagen: 40-seitige Anleitung in englischer Sprache mit Bauvorlagen und Bauteileliste, 24,5 × 18,5 cm

Idema – Der kleine Baumeister Nr. 30

Das Idema-System gab es in unterschiedlichen Größen, von 120 bis 640 Steinen bei der Kastengröße Nr. 30 (dieser Kasten). Die Steine sind durchbohrt, damit zusätzliche Stifte hindurchgesteckt werden können, um eine bessere Standfestigkeit der Modelle zu erreichen.
Die Kunststoffbaukästen von Josef Dehm orientierten sich am bekannten Ziegelstein (Proportionen 1:10). Das ist auch als Ausdruck des Zeitgeists der frühen 1950er Jahre zu verstehen, als man das zerstörte Land wieder aufbaute.
Der Idema-Stein war bereits 1949 weit entwickelt, wurde aber erst auf den Nürnberger Messen 1954 und 1955 eingeführt. Parallel zu der Entwicklung von Josef Dehm brachte Godtfred Kirk Christiansen 1949 einen „Mauerstein“ heraus – der Vorläufer von Lego. Die 1960er Jahre waren entscheidend im Kampf um die Vormachtstellung auf dem Markt für Kunststoffbaukästen. Idema entwickelte gute Produkte, aber Lego hatte die bessere Werbung. Doch auch der Qualitätsunterschied ist frappierend.
Die Idema-Steine sind sehr klein und leicht und formen den Eindruck, ein minderwertiges Produkt in den Händen zu halten (Grundstein: 11 mm Seitenlänge, Gewicht nur ca. 1 g). Sind die Bausteine einmal zusammengesteckt, können sie nur mit großer Kraft wieder auseinandergebracht werden.
Schon vor Dehm gab es Versuche, Bausteine haltbarer miteinander zu verbinden. Eine tatsächliche Fixierung konnte aber nicht zustandekommen, da das Material nicht flexibel genug war. Dies änderte sich erst mit dem Einsatz thermoplastischer Kunststoffe. Mit seiner Erfindung wurde in Europa die Grundlage für den Kunststoffbaukasten gelegt.

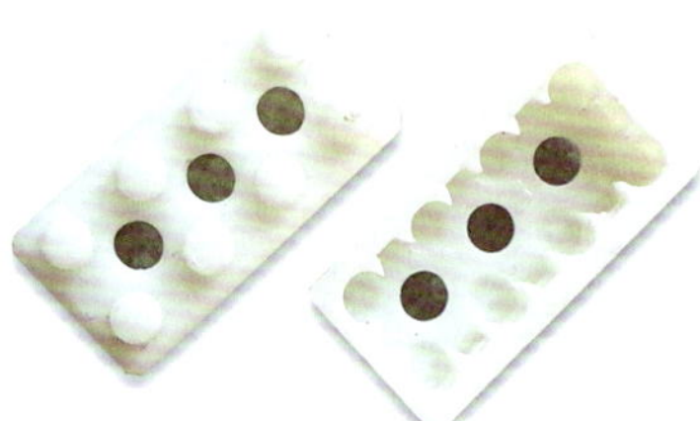

Hersteller: Idema-Spielwarenfabrik Philipp Barth KG, Rinklingen über Bretten (1930–1977), 1960er Jahre
Baukasten: 45,5 × 29,5 × 3 cm, Kartonschachtel, Boden und Deckel rot kaschiert, aufgeklebter Druck
Bausteine: Hunderte kleiner Kunststoffsteine mit symetrisch angeordneten Nocken (Kunststoff: Polystrol)
Beilagen: 16-seitige Anleitung mit Schichtenplan für 3 Modelle und vielen Baubeispielen, 21 × 14 cm, 4-seitige Werbung mit Neuheiten von 1960, 20 × 14 cm, Preisliste der Idema-Kästen, 20 × 9,5 cm

Berli Bygge Brikker Set 1 | 2 | 3 | 4

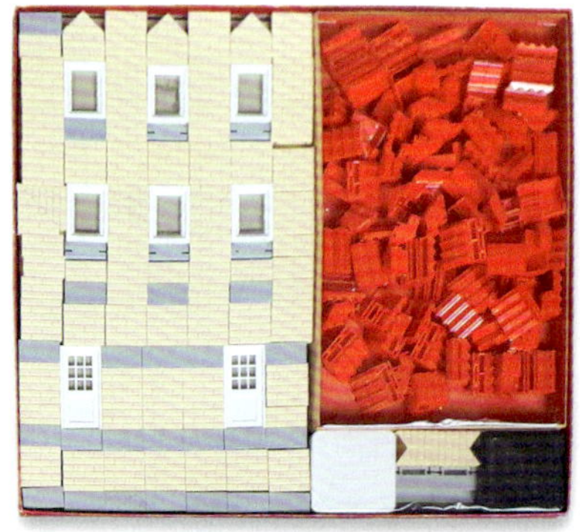

Dänemark hatte auch noch anderes als Lego zu bieten. Obwohl die Bausteine der Berli-Baukästen sehr hochwertig gearbeitet sind, ist deren Verbindungstechnik allerdings zu umständlich, als dass sie sich am Markt hätte durchsetzen können.

Hersteller: Bernhard Jorgensen, Dänemark, 1960er Jahre
Baukästen: von 18 × 9 × 2 cm (Set 1a) bis 37 × 27 × 2,5 cm (Set 4), Kartonschachteln, kaschiert, bedruckt
Bausteine: bis zu 315 Kunststoffelemente (Set 4), Verbindungen mittels Metallclips
Beilagen: 2-seitige Bauanleitung für Set 1–4 und Steineliste aller Sets, 60 × 34 cm, gefaltet, 2-seitige Anweisung mit Bausteineliste aller Sets, 17 × 20 cm

Plastic Building Set

Dieser Baukasten steht als Beispiel für viele Kunststoffbaukästen, die den bekannten Lego-Bausteinen ähneln oder sie imitieren. Es gibt viele Gründe, warum sich die Baukästen nicht durchsetzen konnten und Lego das Bausteinimperium beherrschte. Ein Grund war sicherlich die größere Präzision und Verbindungsfestigkeit von Lego, welche kein anderer Baukastentyp dieser Art erreichen konnte.

Hersteller: coopexim, ca. 1970er Jahre
Baukästen: 4 Kästen, je 28 × 27 × 3 cm, Kartonschachteln, Deckel allseits bedruckt
Bausteine: Hunderte Kunststoffsteine, 2-lagig
Beilagen: 8 Blatt Baubeispiele und Steinsortendarstellung, 12 × 17,5 cm

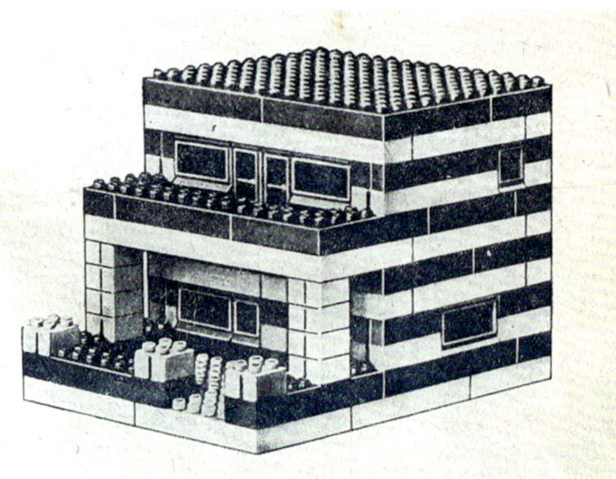

STOLL-System G1

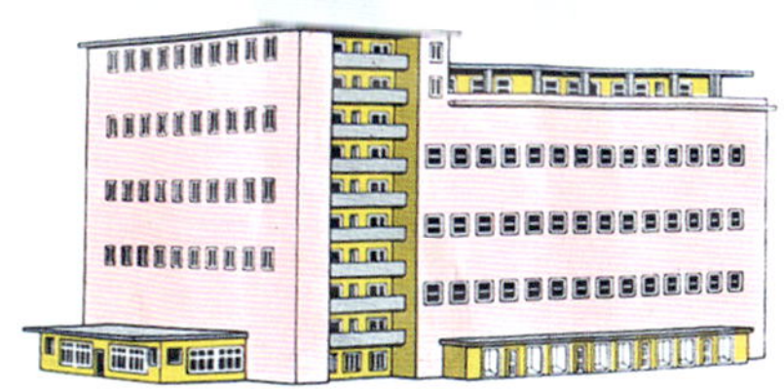

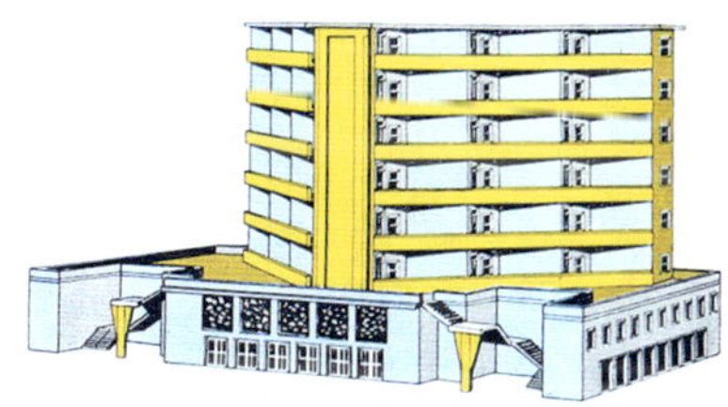

Das Stoll-System ist wieder ein Beispiel für eine viel zu komplizierte Verbindungstechnik. Obwohl alle Bauteile präzise gearbeitet sind und sich ohne viel Kraft verbinden und lösen lassen, ist die Nut-Feder-Verbindung eine äußerst penible und zeitaufwendige Angelegenheit, die keine Baufreude zu wecken vermag. Das Stoll-System gab es in vier Kartongrößen plus Zusatzpackungen (der größte kostete 19,60 DM).

Hersteller: Rudolf Stoll KG, Lehrmittel- und Modellspielwarenfabrik, Kaiserslautern, ca. 1970er Jahre
Baukästen: 2 Kästen, je 30,5 × 22 cm, Kartonschachteln, Deckel allseits bedruckt, Styroporeinlagen
Bausteine: durchgefärbte Kunststoffteile, teils mit Reliefstruktur, werden zusammengesteckt oder mittels Feder verbunden, Baugröße HO (1:87)
Beilagen: 16-seitiges Heft mit Bauschema, 50 Baubeispiele, Teileliste, 20 × 14,5 cm

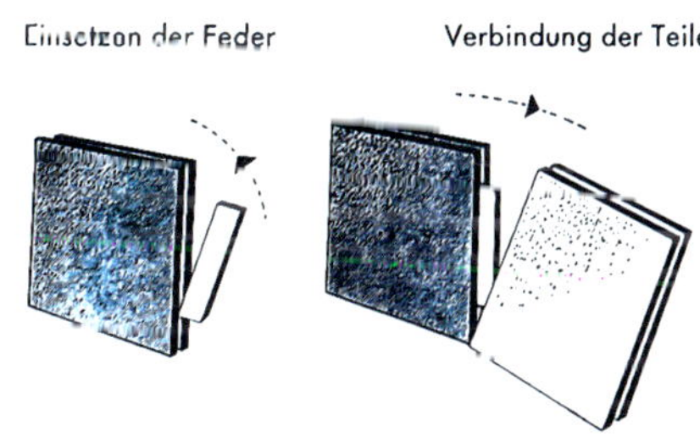

Der kleine Grossblock-Baumeister Typ 1 | 3 | 4

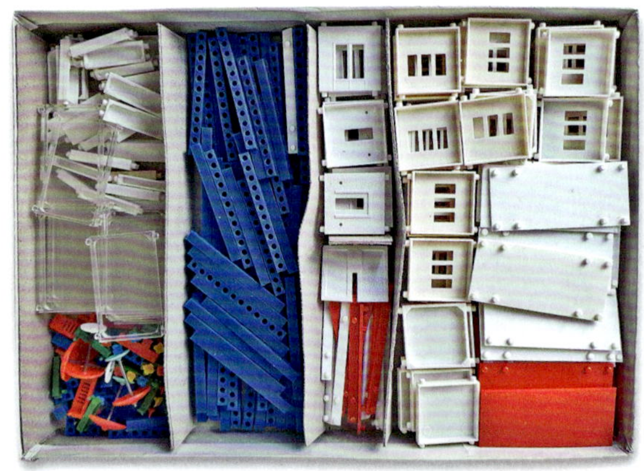

Die Großblock-Modulbaukästen wurden in der ehemaligen DDR im Laufe der Zeit von verschiedenen Firmen/VEBs in großer Zahl hergestellt und sind mittlerweile zu einem Dokument der Zeitgeschichte geworden.
Die Bausteine lassen sich, wegen ihrer unterschiedlichen Kunststoffbeschaffenheit, gut miteinander verbinden. Flache steife Wandteile werden mittels ihrer Noppen in schmale biegsame Lochleisten gesteckt. Durch dieses System kann Fertigbauteil an Fertigbauteil gesetzt und Stockwerk für Stockwerk errichtet werden. So wurden die Kinder der DDR spielend an ihre architektonische Umwelt herangeführt und gleichzeitig politisch erzogen. Vorbild waren nicht freistehende Eigenheime wie beim zeitgleich erscheinenden Idema im Westen, sondern Plattenbauten.

Hersteller: VEB Gotharer Kunststoffverarbeitung Gotha, 1970er–1980er Jahre
Baukästen:
Typ 1: 26,5 × 21,5 × 3,5 cm,
Typ 3: 35 × 25 × 4,5 cm,
Typ 4: 32 × 25 × 3,5 cm,
Kartonschachteln, Deckel, allseits farbig bedruckt, Kartoneinlagen
Bausteine: noppenbesetzte Wandteile und Lochleisten (Polystrol), Verbindungsstreifen (Polyäthylen), Stecksystem
Beilagen: 6-seitige Bauanleitung für Typ 3 und 4 mit Teileliste, 21 × 15 cm, auf Deutsch, Englisch und 3 osteuropäischen Sprachen

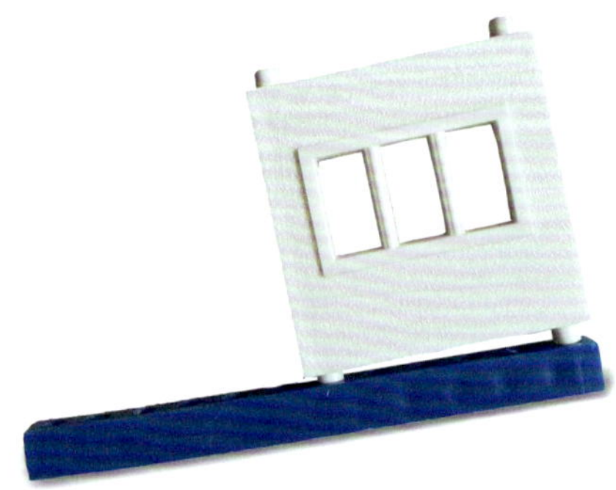

Der kleine Gartenbau-Architekt Typ 5

Hersteller: plapsi: VEB Gothaer Kunststoffverarbeitung, Gotha; Kari: Karl Ribarsch KG, Walthershausen (1966–1972), 1960er–1970er Jahre
Baukästen: plapsi: 33 × 25 × 3 cm; Kari: 33 × 25 × 4 cm, bedruckte Kartonschachteln
Bausteine: siehe „Der kleine Grossblock-Baumeister“
Beilagen: plapsi: 6-seitige Anleitung in 5 Sprachen; Kari: 4-seitige Anleitung, Stückliste

Moderner Grossblock-Baukasten

Die Fertigbauweise war das Vorbild für weitere Baukastentypen, vornehmlich aus der DDR. Durch das einheitliche Stecksystem waren sie kompatibel.

Hersteller: M. Schägner, Tabarz (Thüringen), um 1960
Baukasten: 22,5 × 17,5 × 2 cm, Kartonschachtel, farbig kaschiert
Beilagen: Anleitung mit 4 Beispielen, 10,5 × 15 cm

Der kleine Baumeister

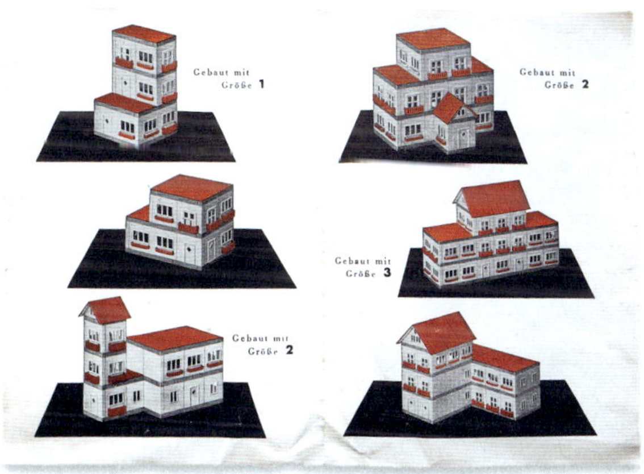

Das beliebte Stecksystem „Der kleine Baumeister" findet sich auch im Westen. Es ist identisch mit dem DDR-Produkt und wurde 1955 auf der Spielwarenmesse vorgestellt. Hinweise auf eine Herkunft aus dem Osten gab es nicht, doch ist die Plattenbauweise untypisch für das damalige Westdeutschland. Wahrscheinlich hat ein DDR-Werk das Spielzeug zur Devisenbeschaffung nach Westdeutschland exportiert.

Hersteller: Rex-Plastik Max Ernst Kg, Nürnberg (1951–1971), ca. 1955–1960
Baukasten: 31,5 × 22,5 × 2,5 cm, Kartonschachtel, kaschiert, aufgeklebter Deckeldruck
Beilagen: Blatt mit Baubeispielen, 22 × 17 cm

Der kleine Bau-Ingenieur Typ 6

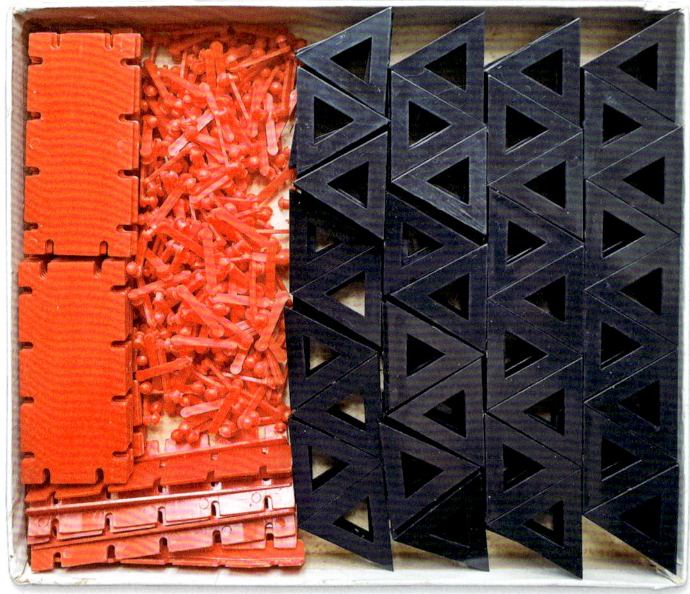

Im Gegensatz zu allen anderen Kari- oder Plapsi-Baukästen wird hier ein neuartiges Kunstruktionsprinzip eingesetzt: Dreiecke werden mittels Doppelnieten verbunden. Die Modelle halten sehr gut zusammen, wie der abgebildete, über 30 Zentimeter hohe Turm zeigt. Allerdings harmonieren sie optisch nicht mit den Bauten der anderen Kästen.

Hersteller: Karl Ribarsch KG, Waltershausen, 1954
Baukasten: 25 × 21,5 × 3 cm, Kartonschachtel, Deckel allseitig bedruckt
Bausteine: 336 schwarze Dreiecksformen und rote Doppelnieten
Beilagen: 4-seitige Bauanleitung mit 2 Beispielen und Teileliste, 21 × 15 cm

Die neue Raumelemente-Bauweise

Dieser Baukasten drückt wohl am prägnantesten den brutalen Charme der Raumelemente-Bauweise des Plattenbaus aus.

Hersteller: VEB Plastspielwaren Walthershausen , 1973
Baukasten: 40 × 29 × 4 cm, bedruckte Kartonschachtel, weißes Kunststoffinlay
Bausteine: durchgefärbte, stabile Kunststoffteile, die zusammengesteckt oder -geschoben werden, Maßstab 1:30
Beilagen: 8-seitige Bauanleitung mit Stückliste, 21 × 15 cm, Packzettel mit Stempel und Datum (17.4.1973)

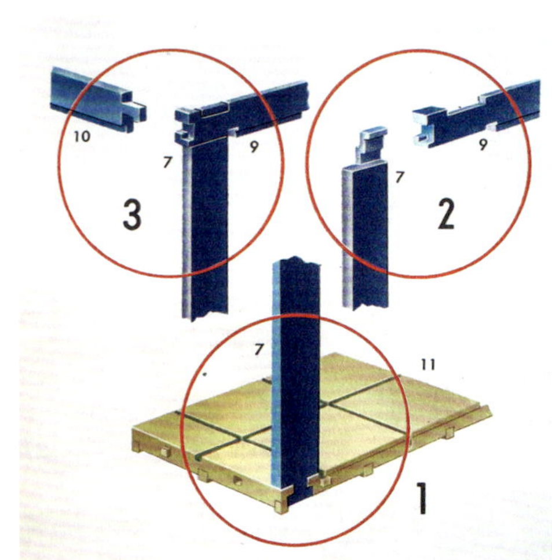

mk – bauen mit 2 Elementen

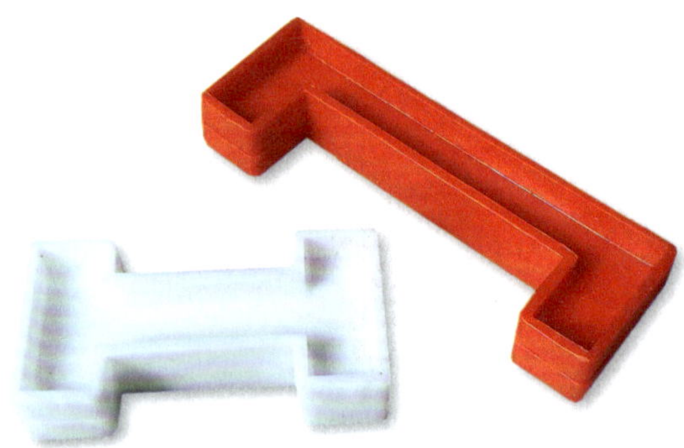

Der Baukasten zeigt ein genial einfaches Bausystem mit nur zwei Sorten Bauteilen. Die leicht biegsamen, sich weich anfühlenden Kunststoffteile werden fest miteinander verklemmt. Es ist erstaunlich, wie prägnannt die Plattenbauarchitektur, einschließlich obligatorischer Balkone, allein durch Kombination zweier Bauformen abstrahiert werden kann.

Hersteller: VEB Modell-Konstrukt, Leipzig, 1980
Baukästen: 2 Plastikbeutel
Bausteine: durchgefärbte, leicht biegsamme Kunststoffteile, werden ineinander geklemmt
Beilagen: 4-seitige Anleitung mit Beispielen, 15 × 10,5 cm, kleine Packzettel mit Stempel und Datum (Juli 1980)

Dietel-Plastic

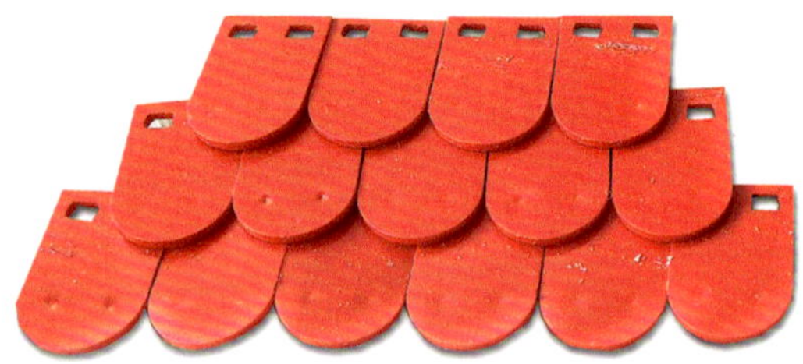

Der Dietel Baukasten besitzt mit die kleinsten Bausteine unter den Architekturbaukästen. Die kleine Schachtel beinhaltet fast 350 Steinchen, wobei der Grundstein nur 4 Millimeter hoch ist. Man benötigt elf Steinreihen, um die circa 4,5 Zentimeter hohe Mauer des obigen Modells zu bauen. Die Steinchen halten fest zusammen und lassen sich oft nur mit großer Kraft trennen. Neben der hier gezeigten kleinen Ausführung gab es noch zwei größere Kästen sowie Kleinbaukästen für Tankstellen oder Brücken und 23 einzelne Bauteilsorten in Cellophanbeuteln. Die Firma stellte hauptsächlich Haushaltsartikel her. Nach einem Rechtsstreit mit Lego durften ihre Baukästen Anfang der 1970er Jahre nicht weiter produziert werden.

Hersteller: Hans Dietel, Dresden (1920–1954), Arolsen (1945–1975), 1950–1960
Baukasten: 23,5 × 15,5 × 2 cm, allseits bedruckte Kartonschachtel, Kartonfacheinteilung
Bausteine: gefärbte Kunststoffteile, werden mittels Noppen zusammengesteckt
Beilagen: keine

Tectum Plastic-Baukasten

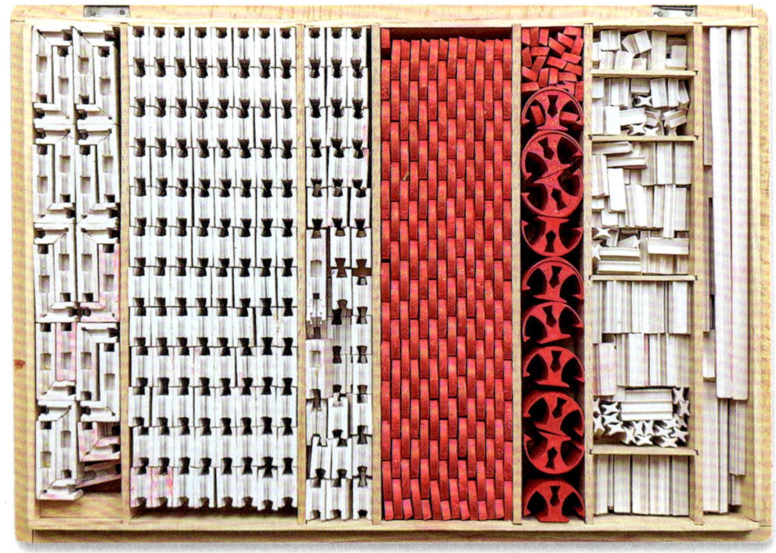

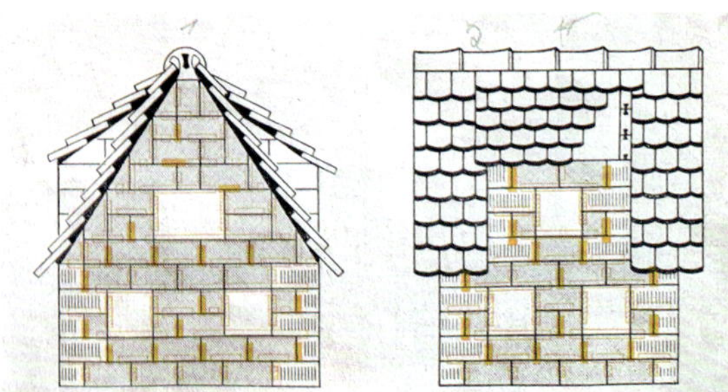

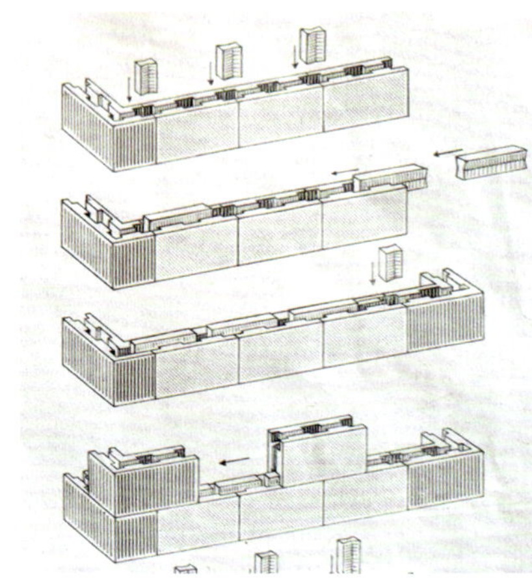

Die Wilhelm Kimmel GmbH & Co. KG ist ein kunststoffverarbeitendes Unternehmen mit Sitz in Sebnitz in der Sächsischen Schweiz. Sie wurde 1952 durch Wilhelm Kimmel gegründet, 1972 enteignet und als VEB Werk Sebnitz weitergeführt, schließlich 1992 reprivatisiert. Um die Bausteine zu verbinden, müssen zusätzliche Senkrecht- und Waagrechtverbinder eingeschoben und eine Reihenfolge strikt eingehalten werden. Ein umständliches Prozedere, welches aber äußerst stabile Bauten schafft, die nicht einfach zu demontieren sind.

Hersteller: Wilhelm Kimmel KG (1952–heute), Sebnitz-Sachsen, um 1955
Baukasten: 35 × 24,5 × 5 cm, Buchenholzkasten mit Schließen, Facheinteilung
Bausteine: ca. 200 Teile, weißgrau und rot gefärbt
Beilagen: 12-seitige Anleitung mit Bauplänen, 2-farbig, 29 × 20 cm

Plastic-Modellbaukasten

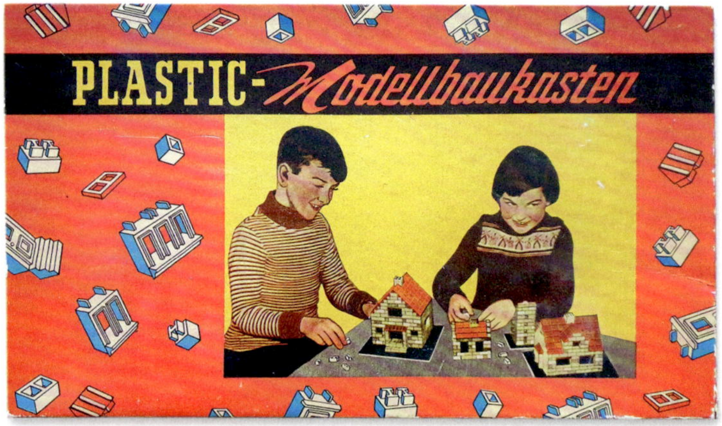

Hersteller: METAK GmbH Preßwerk Metzing KG, Ilmenau (1932–1952), METAK, Frankenberg-Burgwald seit 1953, 1957–1963
Baukasten: 34 × 19,5 × 4 cm, Kartonschachtel, allseits kaschiert, Kartonfacheinteilung
Bausteine: durchgefärbte und transparente Kunststoffteile zum Zusammenstecken
Beilage: 4-seitige Bauanleitung, 21 × 14 cm

Das von August Metzing gegründete Unternehmen fertigte Konsumgüterartikel und Zubehörteile für die Fahrzeugindustrie. Der Ingenieur Sven Åkesson entwickelte das Konstruktionsspiel. Aus Kostengründen wurde die Spielzeugherstellung um 1963 eingestellt. METAK ist heute ein Zulieferbetrieb für technische Kunststoffteile. Die Schwesterfirma metakreon knüpft an die Tradition von damals an. Mit kleinen weißen Bauteilen können insbesondere Architekten Gebäudemodelle im Maßstab 1:25 entwerfen.
Alle Bauteile lassen sich gut zusammenstecken. Der Phantasie sind keine Grenzen gesetzt. Durch den Erwerb von über 3000 METAK-Bausteinen konnte auch der abgebildete Wolkenkratzer realisiert werden.

American Skyline No. 93 | 94

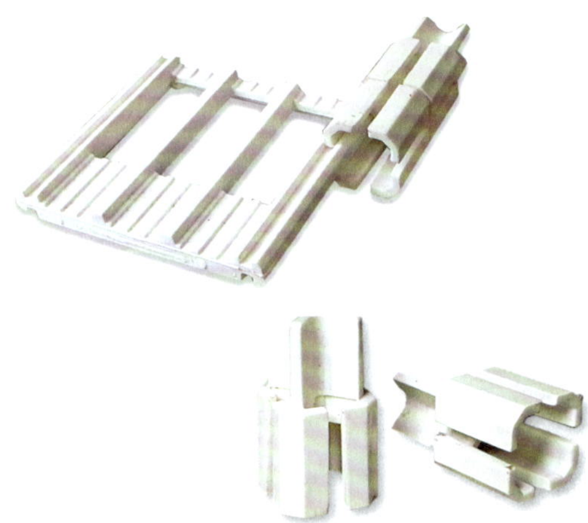

Ein gut durchdachtes System aus Säulensegmenten, vertikalen Paneelen und Bodenplatten. Es inspiriert zum Bau von Wolkenkratzermodellen des 20. Jahrhunderts, die nach dem Zweiten Weltkrieg in amerikanischen Städten entstanden. Die Säulenelemente werden aufeinander und seitlich in die Nuten der Fensterpaneele gesteckt. Kunststoffplatten, die zwischen den Stockwerken eingesetzt werden, stabilisieren den Bau.

Hersteller: Elgo Plastics Inc., Chicago, 1959–1960er Jahre
Baukästen: No. 93: 45 × 24 × 5 cm, No. 94: 45 × 32 × 5 cm, bedruckte Kartonschachteln, No. 94 mit Kartoneinteilung
Bausteine: weißer Kunststoffspritzguss, dünne Kunststoffplatten mit aufgedrucktem Schachbrettmuster
Beilagen: 16-seitige Anleitung mit Bauplänen, Flaggendruck zum Ausschneiden, 28 × 21 cm

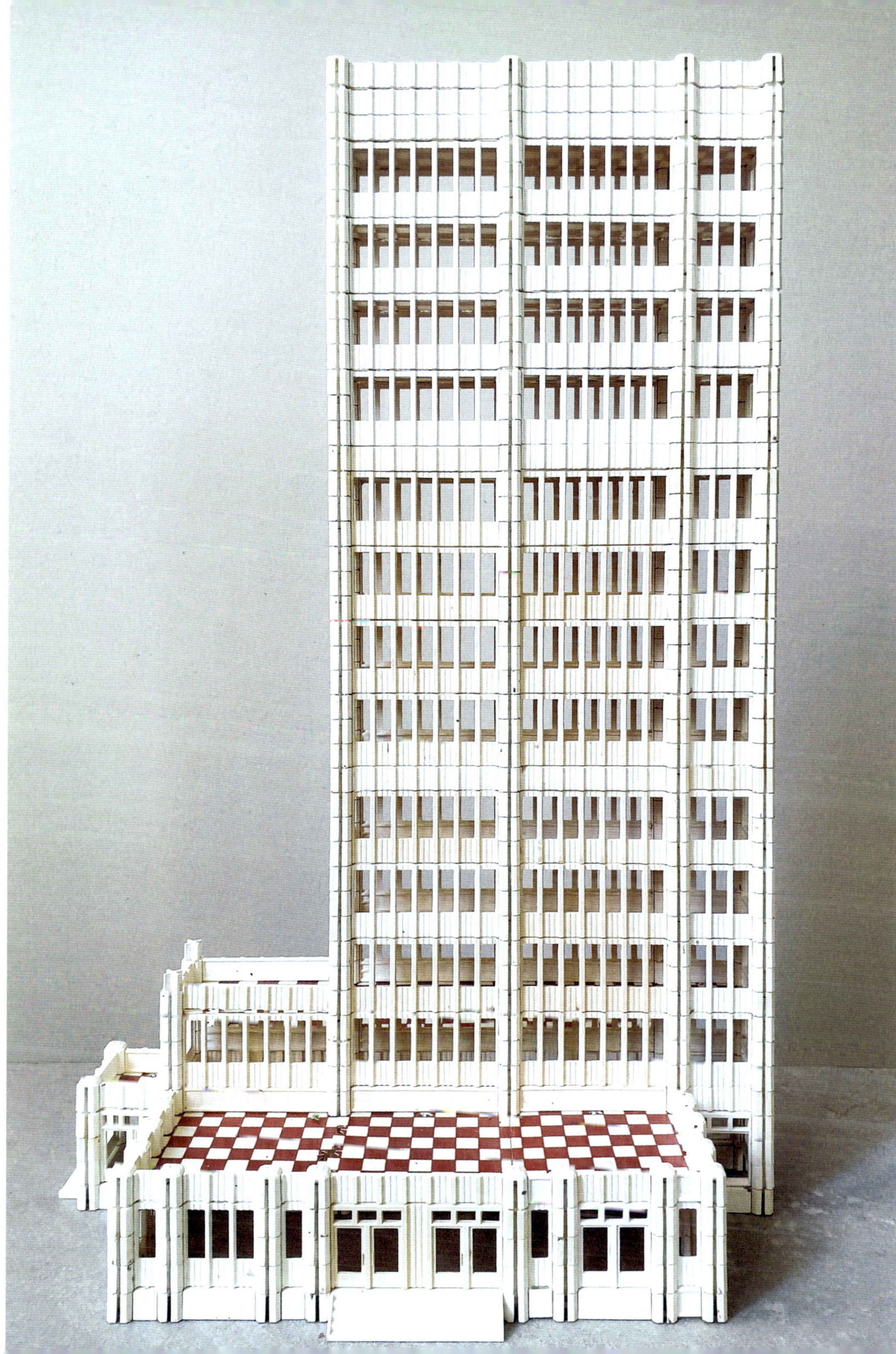

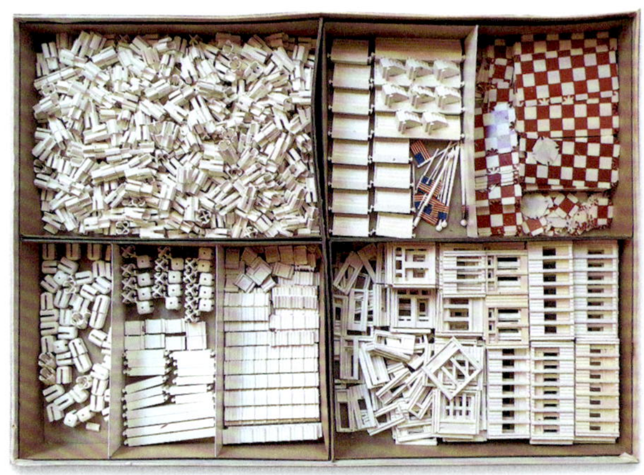

Die Baukastenserie besteht aus sechs Grundkästen mit 229 bis 1904 Teilen, die sich ergänzen können. Mit den passgenauen Elementen lassen sich wirklichkeitsnahe Modelle ganzer Skylines erstellen – große Ausdauer vorausgesetzt, auch beim Wiedereinsortieren Hunderter Elemente.

Bauen Konstruieren Spielen

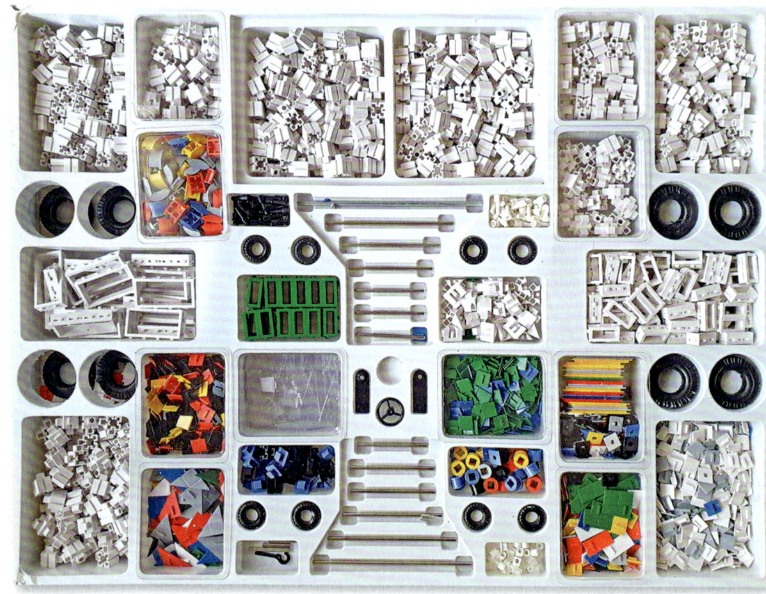

Mit „baks – Das intelligente Bausystem“ stellte die Spielzeug GmbH 1969 ein vielseitiges System vor, mit dem Bauwerke als auch Technikmodelle erstellt werden konnten. Später übernahm die Nürnberger Firma Herbart die Produktion, die 1985 aufgelöst wurde. In den 1970er und 1980er Jahren wurden Baukästen wie der hier gezeigte vom Versandhaus Quelle unter dem Label „good play“ vermarktet.
Dieser große, umfangreiche Baukasten ist mit weit mehr als Tausend Teilen bestückt, viele nur etwa 1 Kubikzentimeter groß. Damit können recht maßstabsgerechte Modelle gebaut werden. Das abgebildete, circa 15 Zentimeter hohe Gebäude wurde mit 500 Bausteinen und 380 Wandkacheln erstellt. Es braucht Stunden, die Teile wieder zu lösen und einzusortieren. So war dieses System wohl keine Alternative zu den Marktführern Lego oder Fischer-Technik, die praktikablere Konstruktionsmöglichkeiten boten.

Hersteller: Christian H. Herbart KG (1888–1953), Spielzeug GmbH & Co., Hofgeismar (1968–1985), um 1977
Baukasten: 53 × 39 × 4 cm, allseits bedruckte Kartonschachtel, weißer Tiefzieheinsatz, teilweise mit Klarsichtabdeckung
Bausteine: würfelförmige Grundbausteine mit Zapfen und Stecköffnungen als Baugerüst, Füllelemente als Fenster, Wände und Decken, Gummiräder, Metallachsen, farbige Kartondrucke
Beilagen: 5 Blatt Schichtenpläne, 51,5 × 39 cm, beidseitig bedruckt

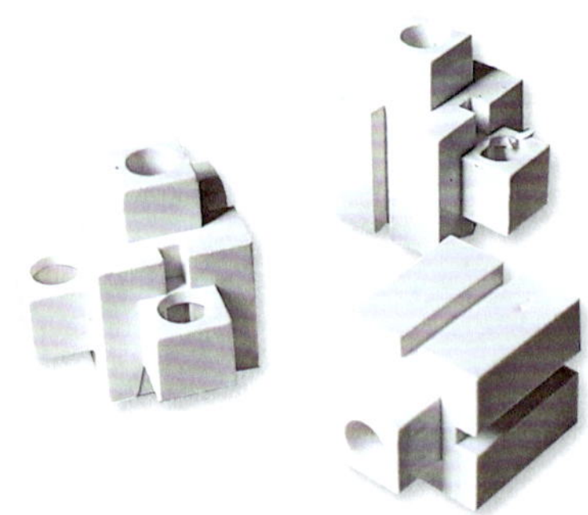

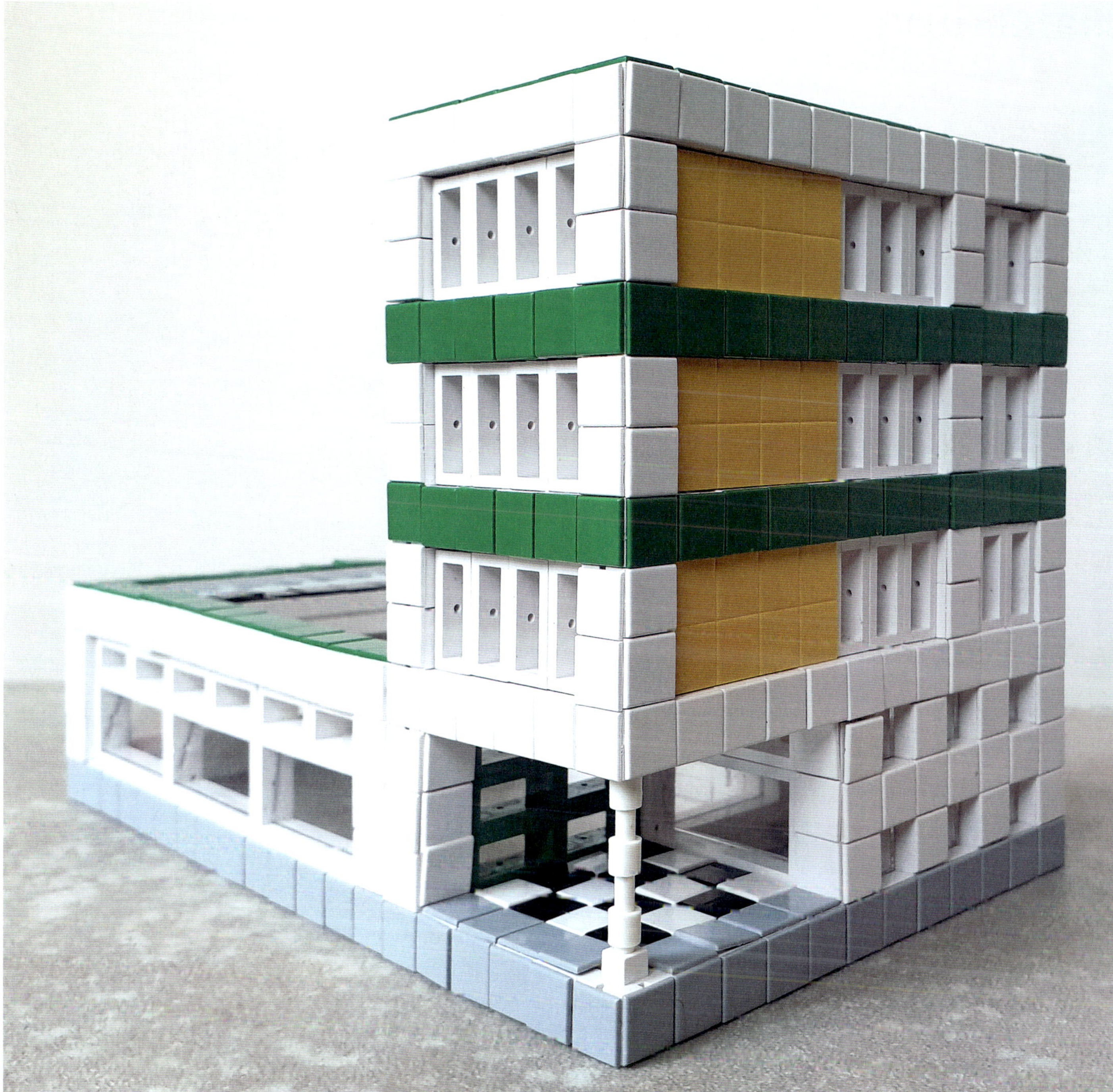

Märklin plus A 9003

Das Baukastensystem „Märklin plus“, das nur von 1973 bis 1976 vom Marktführer für Spielzeugeisenbahnen vertrieben wurde, war ein umfangreiches System aus Steckbausteinen, Stab- und Flächenelementen. Der hier gezeigte Baukasten ist der zweitgrößte der A-Serie, mit der vor allem Häuser gebaut werden konnten. Die B-Kästen widmeten sich funktionellen Modellen. Weitere Serien waren Themenkästen, Ergänzungsbausteine und Erweiterungen für elektrisch funktionale Modelle. Obwohl zur Markteinführung 1973 große Marketinganstrengungen unternommen wurden, ließen sich die neuen Baukästen nicht gut verkaufen. Das recht teure Märklin Plus-System hat nicht die Präzision der Bauelemente seiner Konkurrenten.
Das Material wirkt weich und damit weniger hochwertig. 1976 wurde die Reihe komplett eingestellt. Restbestände wurden noch in neuer Verpackung unter dem Namen Minex an Kaufhäuser geliefert.

Hersteller: Gebr. Märklin & Cie. GmbH, Göppingen, 1973–1976
Baukasten: 35 × 23 × 4,5 cm, herausnehmbare weiße Sortierbox in allseits bedrucktem Kartonschuber
Bausteine: Noppensteine, zu öffnende Fenster und Türen, Räder auf Achsen, die Steine halten durch Klemmtechnik
Beilage: 4-seitiges Faltblatt mit Darstellung des Bausystems, 13 × 26 cm

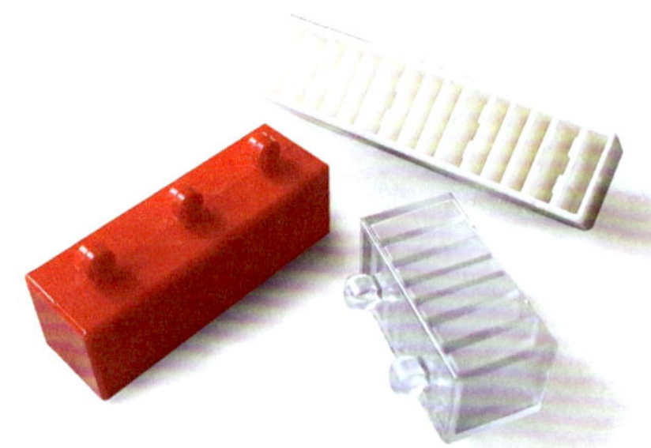

Plastic-City

Zunächst enttäuschen die monotonen, nur mäßig gearbeiteten Spritzguss-Bauteile, die auch durch ihre grellen Farbhervorhebungen minderwertig wirken. Der Baukasten entpuppt sich allerdings als ein Beispiel, wie mit gleichförmigen Elementen und reichlich Fantasie recht prägnante Gebäudeensembles erstellt werden können. Sie erinnern an den Siedlungsstil und die Plattenbauweise der DDR-Steckbaukästen, auch wenn hier nur Stockwerke gestapelt werden können. Gerade die Beschränkung der Formen auf das Wesentliche und ihre strikte Wiederholung machen den Reiz dieses Baukastens aus.

Hersteller: Juguetes Brekar, Spanien, 1960er–90er Jahre
Baukasten: 47 × 30 × 4 cm, Deckel aus bedrucktem Karton, Baukastenboden als gelbes Kunststoffinlay mit Klarsichtdeckel
Bausteine: 90 Kunststoff-Spritzgußteile
Beilagen: keine

Der junge Bautechniker

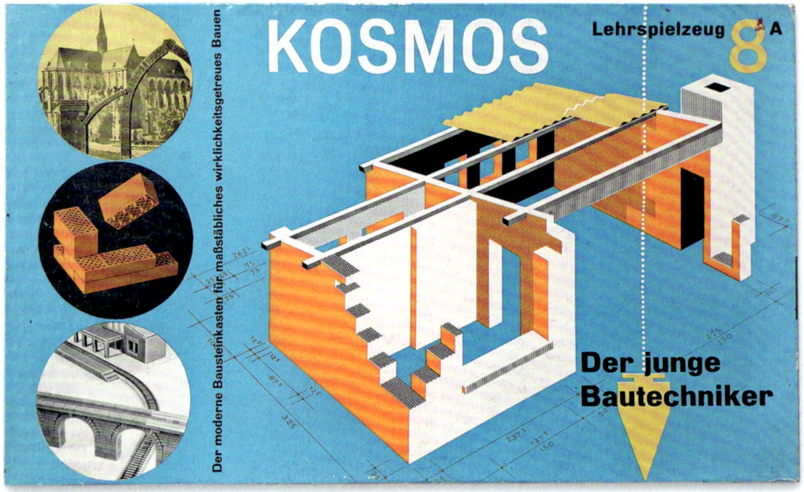

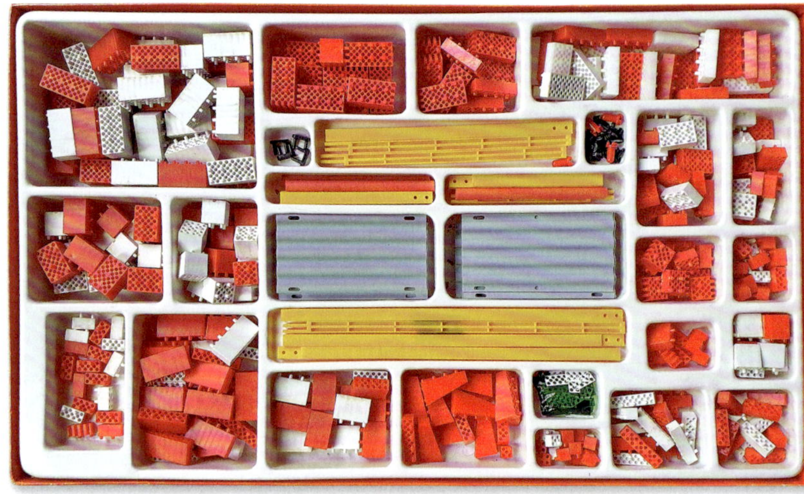

„Der junge Bautechniker" gehörte zur damaligen Kosmos-Lehrspielzeugreihe und soll eine „Anleitung für fach- und maßstabsgerechtes Bauen – wie in der Wirklichkeit" sein. Anhand des sehr ausführlichen Begleitheftes werden alle wichtigen Bauformen mit Beispielen aus der Architekturgeschichte dargestellt und detailreich Maueranschlüsse, Dachkonstruktionen oder der Bogen- und Gewölbebau erklärt. Da die Bausteine maßstabsgetreue Verkleinerungen echter Hochlochsteine sind, können Bauten in Maßstäben von 1:10 bis 1:80 geplant werden. Obwohl der Baukasten sehr viele Bausteinformen hat – der kleinste Baustein umfasst gerade mal einen halben Kubikzentimeter –, reicht die Anzahl nicht aus, um größere Bauten zu erstellen, es sei denn, man verfügt über mehrere Zusatzpackungen. Aber dies ist auch nicht die Absicht des Baukastens, der vorrangig die Grundprinzipien des Planens und Bauens anhand von Konstruktionsdetails vermitteln möchte.

Hersteller: Franck'sche Verlagshandlung W. Keller & Co, Stuttgart, 1959
Baukasten: 42 × 25 × 3,5 cm, Kartonschachtel, allseits mit Druck kaschiert, Kunststoffinlay
Bausteine: über 400 Kunststoff-Spritzgussteile
Beilagen: 86-seitiges Anleitungsheft, 15 × 21 cm, 5 Baupläne von 21 × 15 cm bis 41 × 24 cm, Rasterpapier, Bestellliste

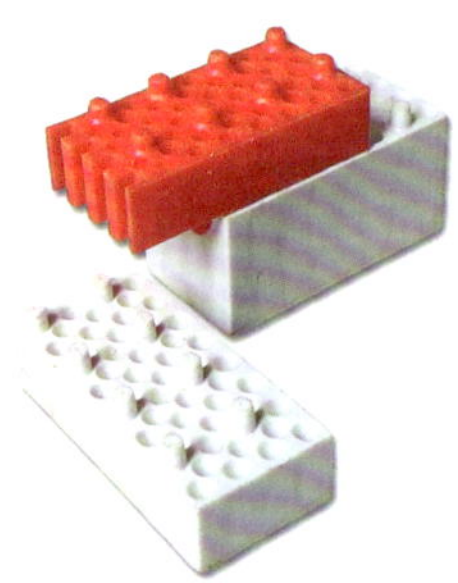

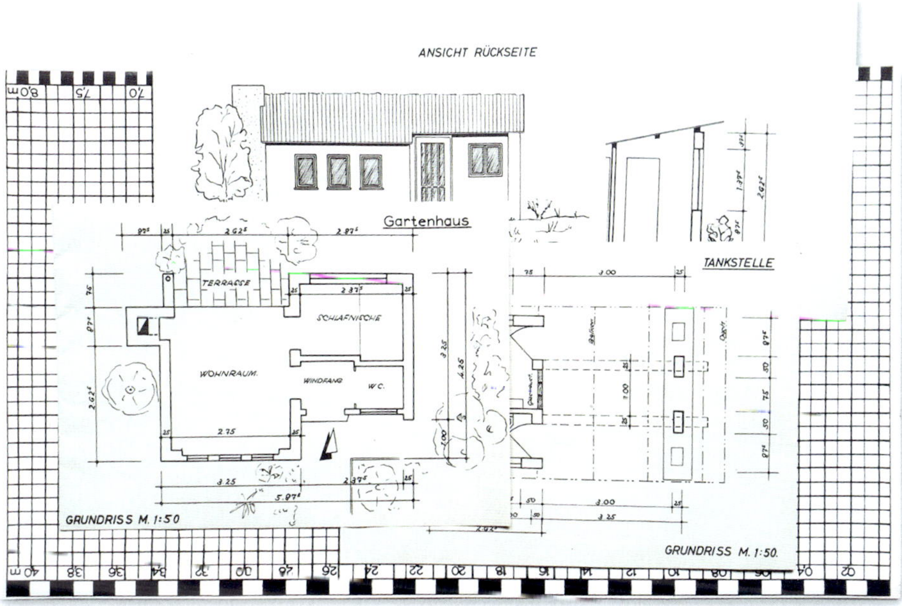

Als im Mittelalter der Rundbogen besonders in Deutschland wieder in den Vordergrund rückt, sind es die ruhigen Wandflächen mit den kleinen Bogenfenstern, die dem Romanischen Baustil sein Gepräge geben.

Paulinzella, Klosterkirche (1112—1134)

33. | Auch Tonnengewölbe brauchen starke Widerlager

Für den Bau eines Tonnengewölbes ist es besonders wichtig, daß die einzelnen Schichten der Gewölbekonstruktion untereinander einen guten Halt bekommen. Wie beim Bau einer Mauerscheibe im Läuferverband sind die einzelnen Gewölbeschichten so angeordnet, daß die Fugen nicht übereinander liegen.

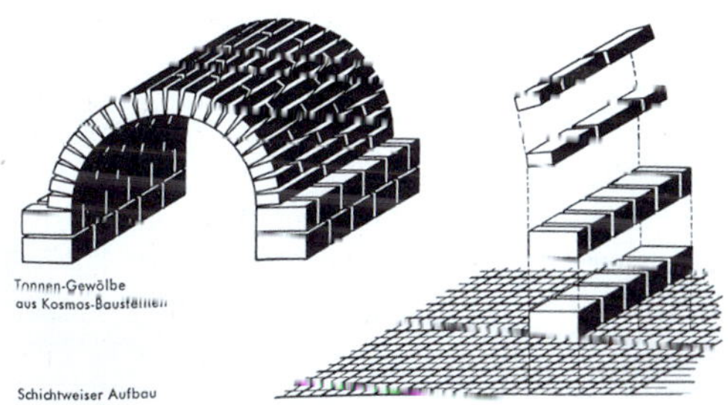

Tonnen-Gewölbe aus Kosmos-Bausteinen

Schichtweiser Aufbau

35

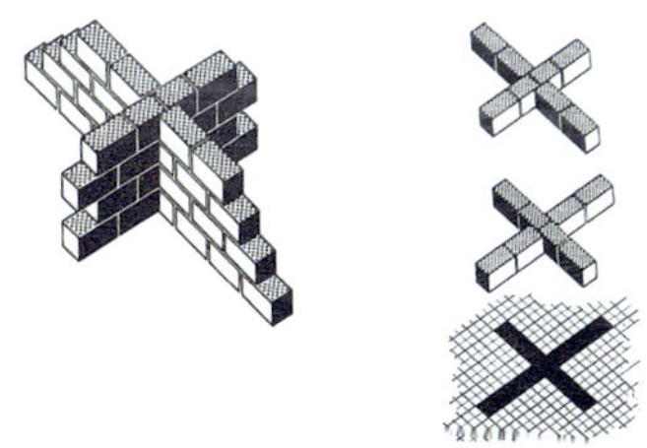

17 | Läufer und Binder

Die eben besprochenen Mauerbeispiele waren [illegible] ein Kopf breit. Die Überdeckung von einer Schicht zur anderen beträgt in der Regel ½ Stein, also auch wieder einen Kopf.
Eine solche Verbindungsart nennt man den Läuferverband. Läufer deshalb, weil die Steine in Mauerrichtung laufen im Gegensatz zu solchen Steinschichten, bei welchen die Steine quer zur Mauer liegen. Diese Schichten heißen in der Maurersprache Binderschicht oder Kopfschicht, weil in dieser Schicht die Köpfe außen zu sehen sind. Die Überdeckung im Binderverband beträgt nur ¼ Stein. Den Ausgleich für glatte Endigungen erreichen wir durch Riemchen oder zwei längsgestellte ¾ Steine.

Läufer und Binder

19

Planungs-Baukasten

Das Celtic-System wurde speziell für Architekten entwickelt und umfasste das Grundsortiment für den Modellbau von circa 120 Quadratmetern Wohnfläche (dieser Baukasten), ein Ladenbau-Sortiment für 180 Quadratmeter sowie Ergänzungssortimente, außerdem eine Planungs- und Industrieausrüstung mit bis zu 5500 Bauteilen für den Modellbau von zehn Wohnungen oder Großstadthäusern. Das Vorbild ist die im Fertighausbau bewährte Plattenbauweise.

Hersteller: CELTIC Industries Ltd., Reinheim, 2. Ausgabe 1973
Baukasten: 35 × 28,5 × 13 cm, starke Graupappe, unbedruckt, Styroporeinlagen
Bausteine: Hunderte Kunststoffteile, 92 Bausteinarten, Stecksystem, Maßstab 1:24
Beilagen: ausführliche 76-seitige Anleitung mit Schwarzweiß-Fotos zum Bau eigener Modelle, Teileliste aller Kästen, 12-seitige Darstellung des Systems und dessen Geschichte, 21 × 30 cm

celtic
celtic
DIE GESCHICHTE
VON DEN
FÜNF
ARCHITEKTEN

Impressum

Umschlagmotiv: Claus Krieger, jovis Verlag
Fotografien: Claus Krieger

Lektorat und Korrektorat: Katharina Freisinger
Umschlag und Gestaltungskonzept: Claus Krieger, jovis Verlag
Gestaltung und Satz: Claus Krieger
Lithografie: prints professional
Druckerei: Gutenberg Beuys Feindruckerei GmbH
Bei Fragen zur allgemeinen Produktsicherheit kontaktieren Sie bitte productsafety@degruyterbrill.com.

Bibliografische Information der Deutschen Nationalbibliothek
Die Deutsche Nationalbibliothek verzeichnet diese Publikation in der Deutschen Nationalbibliografie; detaillierte bibliografische Daten sind im Internet über http://dnb.d-nb.de abrufbar.

jovis Verlag
Genthiner Straße 13
10785 Berlin

www.jovis.de

jovis-Bücher sind weltweit im ausgewählten Buchhandel erhältlich. Informationen zu unserem internationalen Vertrieb erhalten Sie in Ihrer Buchhandlung oder unter www.jovis.de.

ISBN 978-3-98612-274-4